面膜财经

主编　李必文
副主编　高　远　张樱琼

北京航空航天大学出版社

内容简介

本书主要定位于泛财经、泛金融方向，共6章：第1章 令人闻风丧胆的动物理论；第2章 特色、热辣和个性化经济；第3章 怪诞金融学；第4章 投资经济学；第5章 行为经济学；第6章 公募基金基础知识。全书结构为“冰糖葫芦式”(除第6章外)，因此可以顺序阅读，也能跳跃阅读。

学点终身有用的经济学规律，不止点缀，这很重要！

本书适合非金融科班出身的人士阅读。

图书在版编目(CIP)数据

面膜财经 / 李必文主编. -- 北京 ：北京航空航天大学出版社，2019.7

ISBN 978-7-5124-3040-2

Ⅰ. ①面… Ⅱ. ①李… Ⅲ. ①金融学—通俗读物 Ⅳ. ①F8-49

中国版本图书馆CIP数据核字(2019)第138651号

面膜财经

主编 李必文

副主编 高 远 张樱琼

责任编辑 周华玲

*

北京航空航天大学出版社出版发行

北京市海淀区学院路37号(邮编100191) http://www.buaapress.com.cn

发行部电话：(010)82317024 传真：(010)82328026

读者信箱：goodtextbook@126.com 邮购电话：(010)82316936

艺堂印刷（天津）有限公司印装 各地书店经销

*

开本：787×960 1/16 印张：18.5 字数：284千字

2019年8月第1版 2019年8月第1次印刷 印数：3 000册

ISBN 978-7-5124-3040-2 定价：58.00元

若本书有倒页、脱页、缺页等印装质量问题，请与本社发行部联系调换。联系电话：(010)82317024

序　言

这是我人生中的第一次(为一本书写序),献给了《面膜财经》。

受李必文先生的邀请,让我为本书写序,思考再三,还是经不起诱惑同意了。诱因有三:一是李必文先生是我所遇见的思维最活跃且具有互联网思维的跨界狂人,这哥们以前是学服装的,所以他做的东西准没错;二是本书会让职场小白摇身一变成为可以和各路金融大咖侃侃而谈的专业人士,人气骤增,可谓是金融财经类的速成书;三是我想出名。

不论男人女人都需要敷面膜,不论男人女人都需要了解财经,于是在敷面膜的时候听财经,故曰“面膜财经”,其粉丝人称“面粉”。“面膜财经”实际上是泰诚投资控股集团公司旗下的一档财经百科音频栏目,编辑团队来自国内外有着丰富基金投资经验的帅哥精英,而声音则出自有着魔幻声音的电视节目主持人——我们公认的美女主播之嗓。

目前“面膜财经”受邀入驻喜马拉雅、蜻蜓FM、荔枝、网易云音乐、36氪、懒人听书和酷我音乐等平台,两年来累计收听量过亿,拥有活跃收听用户“面粉”近百万。

大量听众在各大音频平台留言要求我们出书,而我们也在“面膜财经”的运营过程中发现,这过亿的点击量反映出“面粉”们所关注的内容都是有倾向性的。智慧的“面膜”编辑们利用大数据进行筛选，把关注度最高的内容整理成106篇文章，并将它们分成六大类，用通俗易懂的文字，配以诙谐幽默的小故事，从而形成了本书。

更具特色的是，“面膜”还开发了音频搜索引擎，配套了电脑、手机APP。本书每篇内容均对应美女主播的音频，让您耳朵、眼睛任意切换，可以说这也是一本可以“说话”的《面膜财经》。

我们要读书，不是要跟谁比，而是要拥有选择的权利。精准易懂的财经类专业内容是这本书最大的特点，走进金融的海洋，从《面膜财经》开始！

泰诚财富基金销售（大连）有限公司　执行董事兼CEO

2019年7月

前　言

“面膜财经”是泰诚投资控股集团公司旗下的、定位泛财经、泛金融垂直领域的音频百科，2017年8月创立，拥有活跃收听用户近百万，累计收听量在10000万次左右。另外，“面膜财经”目前已完成商标注册，商标受到国家法律保护。

“面膜财经”拥有独立的APP客户端（目前仅支持百度助手市场下载）和官方微信（名称也叫“面膜财经”），并受邀入驻喜马拉雅、蜻蜓FM、荔枝、网易云音乐、36氪、懒人听书和酷我音乐等平台，进行全网深度布局。其核心团队成员包括电视台、电台、独立自媒体工作室的多位女主播，她们的普通话水准都在一级乙等以上。编辑团队成员则由《××街见闻》黄金资讯版块的资深编辑、基金投资经理、电视台记者等精英构成。

“面膜财经”已经与一家智能音响公司达成战略合作，正式进军电子硬件行业——车载音响领域，并且在知名的音频平台上已经推出了两张高品质的“知识付费”专辑。

鉴于“面膜财经”的快速崛起，以及太多的听众在后台留言希望能尽快看到纸质书籍，我们一致认为应该出版一本同类图书，毕竟纯音频不容易让人记住全部内容，且若遇到深奥一些的知识点需要反刍的时候，更是要不断回听音频才可能理解，用户体验也不是最佳的。为此，我们的这本基本上算是众望所归的处女作应运而生了。

这个世界上不缺金融小知识，也不缺财经小知识，甚至都不缺需付费的各类体裁的作品，但是唯独缺乏的是精品和与时俱进的小知识。比如社会发展了，数字货币出现了，盲目炒作数字货币的小白急剧增多，一段时间内如果币价跌掉一大半，就会导致过山车式的风险波动。另外，即便圈内头号玩家爆出空气币的惊人内幕，但是人们仍会发现，纵然其在市场上已掀起轩然大波，但是圈内玩家还是集体保持缄默，噤若寒蝉。这不是“沉默的螺旋”，而是基于共同利益绑定“大家好才是真的好”的“被迫共识经济”。不管怎么样，还处在襁褓之中的数字货币是新时代的产物，而在泛数字技术领域，我国一直引领世界潮流。

再比如房价，2018 年 6 月在上海举办的“2018 陆家嘴论坛”上，一位大型银行的董事长曾表示：房地产真控下来，银行害怕，房地产商害怕，老百姓也害怕，但如果真继续涨大家也害怕。这也是典型的“被迫共识经济”。

新的经济现象伴随着祖国的经济大潮、大阔步往前迈而层出不穷。新的时代中就会出现新的经济业态，只有紧跟时代的脉搏才能真正意义上做到“撸起袖子加油干”。

本书对新时代中的新经济现象作了系统的梳理，有三大显著特色：

第一，它更加时尚，更加与时俱进，比如“吸猫经济”“渣男经济学”等内容，在传统金融、经济学图书中都是不可能出现的。

第二，它是一本真正以“面粉”（或者说是客户）为中心的财经科普读物。书中共有 106 篇文章，其中大部分是从我们原创的 1000 多篇音频百科中根据客户的点击率、收藏率等数据指标精心遴选出来的，然后再重新调整结构、案例甚至措辞形成的。因此，这本书能懂“面粉”。另外，本书中还有一些内容是从未公开免费发布过的新作品！

第三，它附带优越的售后增值服务。只要关注“面膜财经”微信公众号，输入金融财经名词术语，就能听到衍生的其他音频。所以，这也是一本会“说话”的书。

作者在编写本书的过程中，得到了泰诚公募基金各部门领导的支持，他们是孙健、袁江英、黄新纪、沙中来、董洪昊、鞠言、王颖、朱香云等，在此一并向他们表示诚挚的感谢！

“面膜财经”创始人　李必文

2019 年 7 月

目　录

第3章 怪诞金融学

第4章　投资经济学

第5章 行为经济学

第6章 公募基金基础知识

第1章

令人闻风丧胆的动物理论

吸猫经济

【狗股策略】 炒股新手如何敢把老股民拉下马？

说到炒股，很多老股民都会给你安利一大堆技术指标、估值模型。然而，看似深奥的理论却很难让你赚到钱，反而让你越钻研越困惑，而能赚钱的理论却可能非常简单，所谓“大道至简”的精义正是源于此。

说到这里，“面膜”（笔者）想到了一位炒股的朋友，虽然 2018 年的股市表现一直不佳，很多投资者都出现了亏损，但这位朋友的表现却相当不错，而他的投资方法也超级简单易学。

具体的做法是这样的：买入高股利（也就是“高股息＋高现金分红”）公司的股票，然后持有至少一年时间不动，这样每年既可以拿到 6％～7％的分红，又可以赚取股票上涨的差价；如果碰到股票普遍下跌的情况，至少还有分红作为一定的补偿。

这位朋友就靠这样一条简单的法则在股市中赚到了不少钱。

其实这位朋友的做法，非常类似一种叫“狗股策略”的炒股方法。

那么，到底什么是狗股策略呢？“面膜”现在就来给各位说一说。所谓“狗股策略”，其实非常简单，就是在每年年初，买入分红率最高的那 10 只股，然后持有到年底，把手中分红率变低的股票卖掉，再买入分红率最高的股票，这样可以确保手中的股票永远是分红率最高的股票。

这里需要解释一下分红率，分红率就是指上市公司每股的分红除以分红当天的股价。从公式可以看出，分红金额越大或者股价越便宜，分红率都会越大。按照这个理论，你每年只要操作一次即可，其他大部分时间只要坐等收钱就好。狗股策略是美国基金经理迈克尔·奥希金斯于1991年提出的一种投资策略。就是这样一种不起眼的策略，多年来却屡试不爽。

狗股策略非常适合那些不想花时间又想跑赢大盘的上班族，因为只要认准分红率，每年重复一遍这个操作，就可获取超越大盘指数的回报。外媒给出的公开数据显示，1975至1999年运用"狗股策略"投资的平均回报达到了18%，远高于市场3%的平均水平，更高于散户主动炒股年化2.6%的水平（美股）。

那么，为什么这个超级简单的策略如此管用呢？主要还是因为以下三点：

第一，分红率高，说明这个公司能赚钱，公司财务状况良好，赚的钱没什么别的地方可以花，干脆就回报给投资人，说明这个公司的老板很实在，买他的股票，靠谱。

第二，分红率高，说明这家公司的股价相对比较低，如果股价高的话，分红率就不可能高，因为分红率和股息成正比，和股价成反比。

第三，也是最重要的一点，那就是投资高息股，可以称得上是攻守兼备的策略。当股价低迷时，只要能获得高于银行定期存款的股息，就相当于为资金构建了一个保护伞，此为"守"；而当股价上扬时，不但能继续享受股息收入，还能让资产像坐轿子一样水涨船高，高位抛出的话，可赚取资本利得，此为"攻"，联合起来便是"投资功守道"。

综合以上分析，再结合历史统计，可以说，按照狗股策略去买股票，是大概率可以跑赢指数的。不过这里要提醒投资者的是，如果碰到系统性风险，比如2008年的金融危机，那么狗股策略可能就不那么管用了。在2008年的金融危机中，10只"狗股"平均跌幅超过41%，跑输了大盘，这说明投资有风险，且没有任何投资策略的有效性是一成不变的。从统计学角度来说，这样的情形也属于小概率事件，绝大部分情况下"狗股策略"还是管用的。

很多散户投资者之所以总是亏钱，主要还是因为没有适合自己的交易方法，一方面是缺乏相关的专业知识，另一方面则是因为工作太忙，没有时间系统地学习投资知识，仅仅是略知皮毛，用这样的思路炒股，很难逃脱被割韭菜的命运。也许点一个外卖都要货比三家，但是重仓某一只股票可能就3秒。因此，业余的股票投资者在股市中最终的命运不是投资赚钱，而是来股市消费的。

而如果把分红率的高低作为投资的重要参考，那么完全可以不为市场价格的波动所动，只要股息率达到自己的心理水平，便咬定青山不放松，这样做大概率可以跑赢那些整天在股市中追热点、炒概念的小伙伴，也能守住一份稳定回报与一份稳稳的幸福。

现代社会的公募基金业务以此作为投资的基本策略，发明了“红利指数基金”。

【吸猫经济】 一只猫 2.6 亿，吸猫猛如毒！

据网上一则新闻说，一名北京姑娘痴迷“吸猫”，一口气狂买了 81 只猫，欠下 70 万元债务，结果被逼卖房还债。看来，现在的人吸猫像吸毒一样也会上瘾。

猫界的任何新闻都会得到广泛传播，如 2017 年猫界网红“楼楼”因病去世，网友非常悲伤，“楼楼”去世的微博被转发了 14 万次之多。微博上、朋友圈里各个不同次元的人都为“楼楼”点起了蜡烛，引起的关注度甚至比很多名人都高。

真是不混“猫圈”，不知“猫圈”的疯狂啊。

据统计，中国养猫的人数已经位居世界第二了，共养了 5800 万多只宠物猫，仅次于美国的 8000 万只。这样庞大的养猫群体背后是一种巨大的吸猫经济。

吸猫经济学，是指不管经济多么困难，大众对猫及其相关产品的热情永远高涨，只要商家用对猫咪，就能吸引关注并从中获益。在日本，猫咪为日本 GDP 贡献了高达 2.3 万亿日元，远超过偶像天团 AKB48。于是，日本经济学家发明了一个新词，叫吸猫经济学。日本是猫咪文化最发达的国家，他们甚至在 1987 年就设立了“猫之日”，用来感谢陪伴人类的猫咪。

近两年来,“吸猫”“撸猫”如病毒般蔓延到了整个中华大地。

《2017 年中国宠物行业白皮书》预计,全国宠物猫、狗的市场规模达到 1340 亿元,之后的 3 年还将增加 40%。随着“喵星人”在人们生活中扮演着越来越重要的角色,与猫咪相关的行业也得到了蓬勃发展。比如,除了传统的猫粮、猫咪用品外,聪明的商人还想到了猫咪咖啡店、猫咪寄养、猫咪殡葬服务、云养猫等创意项目。

据第三方市场调研机构预计,到 2019 年,中国宠物护理行业将增长 50%以上,达到 158 亿元,将迅速超越全球最大市场美国——其 2015 年的增长率仅为 4%。又如,《猫咪后院》就是一款猫咪养成类游戏,用户可以在 APP 内为猫咪添置玩具、加盖房子等。截至 2017 年 7 月,《猫咪后院》下载量已突破 1900 万。如今,这个游戏不仅推出了 VR 版本,还改编成了真人版电影,让广大“云吸猫患者”过足了瘾。另外,还有与之对应的猫咪电影 IP 好莱坞大片《猫女》。

此外,虚拟“吸猫”还和火热的区块链技术结合了起来。这种电子宠物小猫一度成为区块链最火的项目,最贵的一只电子猫卖到了 2.6 亿元人民币。

海明威说:“一个人不会被打败,但是可以被猫毁灭。”一语成谶!

连海明威这样的硬汉,也会被猫咪驯服,不得不说人类已经沦陷了,猫咪才是这个世界的主宰。

那么,人们为什么这么痴迷猫咪呢?

对此,国外有人专门研究其中的原因,他们得出结论认为,人类总是对呆萌的东西没有抵抗力,人与猫咪的互动可以缓解精神压力,吸猫还可以缓解人们的孤独感。相比狗的黏人,猫咪的独立更符合都市白领们快节奏的生活,也就更容易受到偏爱。经典广告学理论也同时指出:宠物(尤其是猫咪和狗狗)、儿童和美女是最容易吸睛的广告对象。

在上海独自打拼的吴女士,收养一只中华田园猫已逾 2 年,几乎每年她都要为猫咪支出 5 万元左右。吴女士说,光是给猫咪洗澡、美容、推毛,一年就要 2 万多元,比自己花在美容上的费用还要高。但是一想到猫咪是自己在大城市唯一的陪伴,她就省不下养猫的钱,“猫咪是我的精神依靠,就是亏待自己也不能亏待它”。猫咪的作用已经超出了物理层面，甚至能起到慰藉孤独灵魂的作用。

数据显示，中国目前超过5800万人独居，占全国家庭总数的14%，其中20岁到39岁的“空巢青年”数量达到2000万，这为猫咪周边市场的发展提供了强劲动力。人类选择猫作为伙伴，主要是为了满足情感需求，并因此对猫咪产生了依恋。

对很多人来说，爱一只猫远远比爱一个人有趣，可谓吸猫一日，终身吸猫。

【踢猫效应】 被老板大骂一顿后的正确姿势

生活就像一面镜子，你哭，它也哭；你笑，它也笑；你开玩笑，它也开玩笑。

2018 年下半年，有个姑娘因为赶飞机前一晚失眠，结果在过安检时，突然脾气上来，大闹机场，脚踢安检员。最后，姑娘为自己的鲁莽行为付出了代价，被行政拘留 7 天。生活中，常常有许多小事让人莫名烦躁，导致人的情绪变坏，而潜意识会驱使人们选择下属或无法还击的弱者进行发泄，尽管这种行为很不理智。

这就是"踢猫效应"。踢猫效应是指，对弱于自己或者等级低于自己的对象发泄不满情绪而产生的连锁反应。

可以用下面这个故事来说明踢猫效应。

一位父亲在公司受到了老板的批评，回到家就把沙发上跳来跳去的孩子臭骂了一顿。孩子心里窝火，狠狠去踹身边打滚的猫。猫逃到街上，正好一辆卡车开过来，司机赶紧避让，却把路边的孩子撞伤了。这是不是跟古老的"马蹄铁掌"的故事异曲同工？

这就是心理学上著名的踢猫效应，描绘的是一种典型的坏情绪的传染。

生活中，每个人都可能成为踢猫效应长链条上的一个环节，遇到地位不高的人，都有将愤怒转移出去的倾向。比如上面那位姑娘，因为工作出差、失眠以及机场繁复的安检，最终导致她的情绪失控，把心里的怨气都发泄到了安检员身上。

现代社会，工作和生活压力大，常常让人心浮气躁，保持豁达的生活态度就显得非常难得。孔子说：克己复礼为仁。可见控制自己的坏情绪确实不容易，但在压力下还能保持风度那就是修养，克服自己人性中的劣根性，不仅可以保持愉悦的心情，也可以提高自己的人格魅力，让其融化在血液里，表现在气质上。

曾有位高僧在外出云游前，把自己满院子的兰花交给弟子，并嘱咐其悉心照料。

谁知，一天晚上弟子忘了将兰花搬回室内，恰巧风雨大作，原本开得正艳的兰花被打得七零八落。弟子忐忑不安，等待着师傅的责骂。僧人云游回来，得知缘由，只是淡淡说了一句："我不是为了生气才种兰花的。"

弟子从中得到启发，幡然悟道。

我国著名心学大师王阳明一生历经坎坷，曾因触怒刘瑾而被贬去龙场，在途中，还被刘瑾派出的刺客追杀，可谓受尽了命运的折磨。这要是换成平常人，估计早就郁闷死了，但王阳明一直保持着积极乐观的情绪，在龙场，跟他去的随从都相继病倒，只有他自己安然无恙。他后来创立的心学流芳百世，其中以心学泰山学派对后世影响最为深远。

现代科学证明，积极的情绪有助于身体健康，如果一个人很快乐，体内就会分泌出一种激素，有助于提高身体免疫力。反之，如果一个人抑郁、烦闷，那么身体状况就会随之下降。女性长期抑郁、郁闷，还能显著增加乳腺癌或乳腺小叶增生的可能性。

因此，保持乐观的生活态度，不是空洞的说教，而是一种必须学会的生存技巧。"面膜"听一位高人这样说过："心若改变，你的态度就会跟着改变。"所以，既然坏心情会传染，好心情也会。与其因为踢猫效应而影响工作、生活，不如始终保持良好的心态，把快乐传递给别人，也传递给自己。

因为善良，所以美丽。

【灰犀牛】 美国房地产巨头是怎么死的?

小王去非洲大草原旅游,导游警告他,犀牛脾气暴躁,什么都不怕,而且跑得比人快,千万不要离它们太近。但他太想拍一张完美的犀牛照片了,放在朋友圈里肯定很拉风。慢慢地,他离犀牛越来越近,越来越近。镜头中的画面很美,直到他意识到自己离小犀牛太近了,才发现重达两吨左右的母犀牛已经冲过来了,并且是以几倍于人类奔跑的速度。

这时,小王还是有机会的,他想等犀牛靠近,再看准时机,猛地跳开。很可惜,颤抖的双腿出卖了他……

这个可怕的场景来自《灰犀牛:如何应对大概率危机》一书,作者米歇尔·渥克创造了"灰犀牛"一词。灰犀牛一般用来比喻发生概率大且影响巨大的潜在危机,相对于黑天鹅事件的难以预见和偶发性,灰犀牛事件并不是随机突发的,而是在一系列警示信号之后出现的大概率事件。

比如,在2008年亚洲金融危机之后,腾讯广告收入下滑,游戏逐渐成为腾讯主营业务收入,但同时游戏的负面影响也造成了游戏版号很难拿到。腾讯帝国收入结构相对单一,商业疆域的拓展多数是基于战略制衡的被动型和单纯财务投资型,而这正是腾讯面临的灰犀牛。所幸,腾讯这只灰犀牛依然很敏捷。

那么，为什么我们明知危险就在眼前却还是容易会在不知不觉中，被卷入灰犀牛事件之中呢？

最主要的原因就是我们对自己躲避风险的能力过于自信了。在一个经典的心理测试中，70%的人认为自己领导别人的能力比一般人强，80%的人认为他们的开车技术比一半以上的司机要好，90%的人认为他们的炒股技术比别人强。所以我们总是存在侥幸心理，希望在危机发生之前赌一把，然后及时撤出。但是我们忽视了最重要的一件事：灰犀牛看上去体型笨重，但只要奔跑起来，99%的人都没有幸免的可能，在金融领域突出的表现就是每次全球系统性风险来临时，没有哪个国家、机构和个人能够幸免。

美国次贷危机就是灰犀牛事件的又一典型案例。虽然危机真正爆发是在2008年，但美国房地产泡沫破裂的迹象却早已显露（可用"经济周期"理论精准推算）。数据显示，美国家庭平均房贷支出与收入比从2000年之后就快速上升，2006年时已达到99%。当家庭的全部收入只能用于房贷支出时，崩盘是早晚的事情，但是美国的两大房地产巨头房利美和房地美仍然继续将次级贷款打包，大肆出售给银行、主权基金等金融机构。果然，2007年美国家庭平均房贷收入比达到了101%，突破极限后旋即爆发了危机，席卷全球。

如今，中国炒房团已经开始进军国外，所到之处，房价水涨船高。美国很多地区的房价已经重回2007年高点，加拿大竟然开出了可拿中国房子做抵押的优惠政策，灰犀牛是不是又要出现了呢？其实这是个很简单的事情，如果你只是把房子看成纯粹的居住消费品，量力而行的话，就算灰犀牛遇见你，估计也会绕道走开的吧。

我们拭目以待。

【黑天鹅】 让你不知所措的外星来客

一名农夫到集市上买了一头小猪，他尽心尽力地伺候小猪，每天让小猪吃好喝好，按时清理猪舍、通风透气。

在小猪看来，农夫简直就是天使，让它无忧无虑地快乐生活。时间飞逝，小猪在慢慢成长，直到第 365 天的早晨，农夫像往常一样出现，但手中本该是小猪的早餐却变成了屠刀。就这样，那头猪变成了农夫桌上的菜肴。

对这个寓言故事中的小猪来说，前面 364 天都是无忧无虑的，它也以为这样的日子会一直持续下去。但那对它的一生来说相当短暂的早上，却要了它的命。

这，就是“黑天鹅”事件。

西方人曾一度认为天鹅都是白色的。然而，17 世纪人们在澳大利亚发现了黑色的天鹅，让人们对天鹅颜色的认知被彻底颠覆。从次贷危机到东南亚海啸，从特朗普战胜希拉里，从瑞士央行放弃欧元兑瑞郎汇率下限后瑞郎的暴涨等事件中，都能体现出“黑天鹅”的不可预见性。安皮里卡资本的创始人纳西姆·尼古拉斯·塔勒布，在 2001 年“9·11”事件发生前大量买入行权价格很低、无价值的认沽权证，用一种独特的方式做空美国股市，“9·11”后一夜暴富。无独有偶，他在美国次贷危机爆发前，又先知先觉重仓做空，大赚特赚了一笔。业界称他“像买彩票一样买股票”，甚是罕见。后来塔勒布把他的投资理念写成一部金融著作，书名就叫《黑天鹅》。

黑天鹅事件是指非常难以预测，且不寻常的事件，通常会引起负面连锁反应甚至颠覆现状，其基本特征便是“小概率＋蝴蝶效应”。它存在于各个领域，无论是金融市场、商业、经济还是个人生活，都逃不过它的控制。

墨菲定律说的就是这样的道理：如果坏事可能发生，不管这种可能性多么小，它总会发生，并且引起最大可能的损失。简单来说就是，有可能出错的地方，就一定会出错。你越担心可能会发生的灾难，很可能就发生了。

生活中黑天鹅事件有很多，令人防不胜防，说了再多的安全意识，出了再多的安全告示，车祸、儿童被拐这样的悲剧仍然不断发生。就像资本市场的投机行为，偶尔也能赚到钱，但是注定最后被清算。“常在河边走，哪能不湿鞋”说的就是这个道理。

黑天鹅事件尽管无法预测，但却可以预防，我们应知道万一发生了，可能会有什么后果，更重要的是如何去应对这些可能的严重后果。

首先，对任何事情都要做好两手准备；然后就是要学会迅速控制事态，立刻做出反应并及时采取对应的举措。就像电影《萨利机长》所描述的那样，前美国空军飞行员萨利是全美航空 1549 号航班的机长。2009 年 1 月 15 日，飞机在起飞过程中遭到加拿大黑雁的撞击，导致两台引擎同时熄火，飞机完全失去动力。机长经过确认无法到达附近的任何机场后，冷静决定于哈德逊河河面进行迫降，最后 155 名乘客和机组人员全部生还。

很多人认为这个世界是日复一日逐步演进的，但实际上我们身处的是一个充满不确定性的世界，许多意外事件对我们的生活影响更大，我们应尽量避免黑天鹅事件的发生，当然像彩票中大奖这样的好事就该另当别论了。

黑天鹅事件，既是桎梏，又是机会，就看你怎么审视和理解了。

【猪周期】 猪周期及其成因

在国内,猪肉价格的波动,不但关系到买菜大妈们的钱袋子,也常常牵动着政策制定者的神经。原因就是猪肉价格上涨会引起 CPI 走高,而 CPI 又是决定货币政策走向的重要参考指标。另外,在 A 股创业板,猪、鸡、鸭等畜牧业权重占比 10%左右,对于股价波动起着举足轻重的作用。在 2019 年 3 月一次创业板大跌的过程中,就是因为这 10%的权重导致了 19%的风险波动性。

其实在 CPI 的构成中,粮食、蔬菜和水果的权重超过 2%,只不过蔬菜水果的种类有很多,所以一个品种价格的波动,对 CPI 的影响并不大。而猪肉价格的权重虽然已经有所下调,但猪肉品种单一,而且消费量远高于鸡、牛、羊、肉,所以其波动仍然不可小视。如果将猪肉价格的一轮上涨和下跌作为一个完整周期,那么本轮猪肉价格波动从 2012 年 9 月开始上涨,到 2016 年开始回落,已持续近 5 年,至今仍在探底的过程中,堪称"史上最长的猪周期"。

那么现在的"猪周期"到底跟之前有什么区别,其对国内货币政策的影响又会出现什么变化?下面就让我们一起来研究一下吧。

猪周期,是指猪肉价格上涨后刺激生产造成供给增加,进而导致肉价下跌，肉价下跌打击了养殖户养猪的积极性，再次造成供给短缺，又使得肉价上涨的周期性波动规律。简单地说，只要猪肉价格显著上涨，就会刺激养殖户增加养殖数量，俗称补栏，由于肥猪出栏需要大约一年的时间，在这段时间之内，猪肉价格一般会持续上涨，但由于养殖户大多在同一时间发现猪价上涨并开始补栏，所以大部分猪周期的时间不会太长。

但是与之前相比，2018 年那一轮猪周期的时间特别长，首先是因为环保政策拉长了猪价上涨持续的时间。自 2014 年起，管理层对生猪养殖行业相继出台了 6 部环保法规。出于环保政策的压力，养殖户未能像往常一样迅速补栏，使得猪价上涨的持续性更强。

而环保趋于严格的另一个后果就是 20 多个省市制定了生猪禁养区，大量养殖产能向北迁移至东北三省。几年之间，温氏集团、雏鹰农牧、牧原股份等上市企业在东北大幅扩张养殖产能，不但饲料成本大幅降低，规模化养殖也逐渐释放出更多的猪肉供给，这些因素延长了猪肉价格下跌的周期。

不过作为一个周期性的农产品，猪周期并不会轻易消失。随着环保政策的进一步加强，以及玉米价格的回升，新一轮猪周期的到来，不过是时间的问题。

其实，大量养殖企业产能的增加，已经提升了整个行业的规模化和稳定性，未来即便进入新一轮猪周期，猪肉价格的波动幅度也不会太大，可能还会变小，对 CPI 的影响也将进一步降低。对国内经济来说，这未尝不是一件好事。放眼全球，若各国央行的货币政策总是受制于猪肉价格的周期性波动，本身不就是一件很怪异的事情吗？

版块周期轮动就会产生投资机会。

【智猪博弈】 教你如何只吃饭，不洗碗

在工作中，为什么有的人努力干活，有的人却在混日子？为什么有的人只是写写 PPT 就比你工资高？除了个人职业道德差异之外，从博弈的角度看，这类人可能正在“搭便车”。

博弈论是经济学中的重要理论，听起来非常高冷，但和我们的生活却息息相关。从大妈买菜讨价还价，到国与国之间的竞争，都是博弈论大显身手的地方。

所谓“智猪博弈”，说的是猪圈里有两头猪，一头大猪，一头小猪。猪圈的一边有个踏板，每踩一下踏板，在远离踏板一头的投食口就会落下少量食物。

如果有一只猪去踩踏板，另一只猪就有机会抢先吃到自己这边落下的食物。

当小猪踩动踏板，大猪会吃光所有的食物，小猪什么也吃不到。

当大猪踩动踏板，小猪会吃完一半的食物，等大猪再跑到食槽时，只能抢吃剩下的一半。

那么，两只猪到底谁会去踩踏板呢？

答案是：大猪。小猪什么也不干，只会坐等大猪踩踏板吃饭。

因为，小猪如果自己干活，就会啥也吃不到，而不干活反而能吃到一半的食物，这种激励机制，让小猪变得懒惰。大猪只能自己动手、丰衣足食。

智猪博弈告诉我们，谁先去踩这个踏板，谁就对团队贡献最大，但多劳却并不意味着多得。

智猪博弈的例子比比皆是。

比如，可以把股市里的散户和主力分别看成是小猪和大猪，作为“小猪”的散户应该采取等待策略，不要频繁追涨杀跌，应该让“大猪”们拉动股票，自己从中获利。

同样的道理，在进行某种新产品推广时，小型生产企业完全没有必要做出头鸟，不应该花大量资金做产品宣传，而应把“锅”推给生产能力和销售能力更强的大型企业，小企业自己只要采用跟随策略就可以获利。

三国故事里，孙权、刘备和曹操之间的斗争也是一种经典的智猪博弈。

在“火烧赤壁”的战斗中，孙权作为抗曹主力，做出了很大贡献，而且此后长期承担抗曹重任，在与曹操的数次大战中付出了巨大代价。孙权的大将太史慈、董袭、陈武都在战斗中阵亡，孙权自己也差点命丧逍遥津。毫无疑问，孙权在孙刘联盟中扮演了智猪博弈中的“大猪”角色。

反观刘备，在赤壁一战之后的几年，都没有和曹操打过大仗，反而乘机清扫地方势力、招兵买马、扩充地盘，直至占据汉中、益州地区，将曹操赶出汉中，随后又派关羽北伐，水淹七军，实力不但超过孙权，甚至可能打败曹操成为新的老大。

刘备正是认清了自己作为“小猪”的地位，并采取了正确的“搭便车”策略。

从个人利益角度来看，智猪博弈无疑是一种理性的选择，但也可能因此导致整个社会的利益受损，资源配置不能最优化，这是需要避免的。

因为智猪博弈中小猪的心态其实就是推诿责任。

在现实生活中，很多人都只想付出最小的代价，得到最大的回报，争着做那只坐享其成的“小猪”。

“一个和尚挑水喝，两个和尚抬水喝，三个和尚没水喝”说的正是这样一个道理。这三个和尚都想做“小猪”，却不想付出劳动，不愿承担起“大猪”的义务，最后导致每个人都无法获得利益，所以，在实际生活中，“面膜”建议大家要舍掉“小猪”心态，积极奋进，创造未来。

老祖宗的智慧：将欲取之，必先与之。

【白熊效应】 相濡以沫,不如相忘于江湖

问世间情为何物,直教人生死相许。

杨过与小龙女至死不渝的爱情固然令人感动,但除了杨过和小龙女,神雕侠侣中还有许多痴男怨女令人刻骨铭心;风陵渡口的船只来来往往,江水滔滔,却不复那时年少,客来客往,青丝白发,那个守在风陵渡口的郭襄终此一生,也没有等来她的神雕大侠;风月无情,缘起缘灭,终南山一场相遇,改变了李莫愁的一生,李莫愁空有“莫愁”之名,终究绕不开一个“情”字,一生痴怨,最后殉葬于绝情谷。

曾经有一句话说过,那些曾经以为念念不忘的事情,就在我们念念不忘的过程中,被我们遗忘了。想着想着就淡了,走着走着就散了。

可惜无论是郭襄还是李莫愁,一生痴绝,终不能得偿所愿,所以才会念念不忘,而绝不是念念不忘必有回响。所谓的念念不忘,其实是有道理可循的,这叫“白熊效应”。白熊效应在我们的现实生活中其实一直存在。今天,就让我们来说一说“白熊”效应。

白熊效应又称白象效应、反弹效应,源于美国哈佛大学社会心理学家丹尼尔·魏格纳的一个实验。他要求参与者尝试不要想象一只白色的熊,结果人们的思维出现强烈反弹,大家很快在脑海中浮现出一只白熊的形象。

当我们刻意转移注意力时，思维也开始出现无意识的“自主监视”行为，监视自己是否还在想不应该想的事情，使我们无法从根本上放弃对事情的关注。这就好比，你能在近似轰鸣的瀑布旁边的石头上睡着，但如果是你家里的自来水龙头没有拧紧，在夜里一滴一滴往下滴水的时候，你反而会一直睡不着。

简单来说，就是当告诉我们不要做什么的时候，我们的注意力就已经成功地“扎根”在了不要做的事情上，比如失眠者告诉自己睡前不要乱想，结果脑子乱成一团，什么记忆都出现了，这是因为失眠者在睡前的时间里大部分的注意力都放在“我有没有乱想”这件事上，而越关注就越会乱想。

所以，越想忘却越难忘，正是因为人处在自我监视下，会不断对某件事进行回复暗示，这就是白熊效应。

白熊效应在商业中也有运用，在营销领域，利用白熊效应进行营销是非常有效的一种手段，“病毒”视频中有许多魔性视频，正是白熊效应的应用。魔性视频常常以重复奇特的方式表现，让人摸不着头脑，可是你越不理解你就越会好奇，反而记住了那里面反复念叨的一点内容，病毒的效果就这样体现出来了。有一款游戏叫《愤怒的小鸟》，第一关就出奇的难，所以好奇的人特别多。

日本的魔性广告一直是广告业内的一股泥石流，以不按常理出牌而在业界闻名。日本广告的魔性由来已久，和这个国家一丝不苟的严谨性格形成了强烈反差，故而产生了奇妙的化学反应。众所周知，日本一直以来都在推崇匠人精神，包括他们的演员也是如此，不管广告的内容多么荒谬，他们都会一本正经地进行表演，因此才有了日本广告独特的魔性。

日本著名电子产品公司索尼之前推出了游戏机 PS4，为了能更好地推广这台游戏机，索尼进行了降价活动，由原价 34980 日元降价到了 29980 日元，为此还特别拍摄了一款病毒广告。广告中一名身着和服的歌手扮演起了日本五千元纸币的封面人物樋口一叶，因为游戏机的降价幅度就是五千日元，樋口一叶反复吟唱价格 29980 日元的姿态让人忍俊不禁，而“29980”这个数字一时间也成了一个网络流行语，受此影响，PS4 在一个月内销量大涨。

【海龟交易法】 适合散户的炒股神器

提到炒股，很多投资者都是一脸无奈。炒股的风险太大，常常是辛辛苦苦干一年，一朝就可能回到了解放前。

之所以大部分股民都在亏钱，主要的原因还是没有自己的交易策略。

其实，每个行业都有自己的规则，业余的玩不过专业的。

在瞬息万变的交易市场上，若想不输掉自己的本金，同时还赚钱，就必须要有一套自己的交易原则。

海龟交易法就是一种简单易学的投资方法。

所谓“海龟交易法”，指的是确定（可以自定义）上突破线和下突破线，如果价格突破上线，则做多；如果价格突破下线，就平仓或做空。其中，上线一般指的是前 20 日内的最高价，下线一般指的是前 10 日内的最低价。说白了，价格上穿就买，下穿就卖。海龟交易法是一种趋势跟踪的方法，其核心有两点：

在上涨趋势（上突破线判定）中，当天的收盘价创下新高，则视为买入信号；

在下跌趋势（下突破线判定）中，当天的收盘价创下新低，则视为卖出信号。

海龟交易法的好处在于：简单明了，紧跟趋势，便于管理风险。

海龟交易法不预测市场，只坚持规则，博取概率。这样，就可以克服由于市场不确定性而产生的恐惧感了。

海龟交易法，是因1983年著名的商品投机家理查德·丹尼斯在一个交易员培训班上推广而闻名于世的。

海龟交易法希望帮助投资者建立这样的思维：

首先，要做到严格执行交易法则。海龟交易法本身其实并不复杂，是一个单纯的拥有正期望值的趋势交易系统，但在交易中真正做到知行合一是非常困难的。

当初，"海龟"们使用着完全相同的法则来进行交易，他们都是非常聪明的人，但表现却参差不齐，甚至有人以失败告终。

这说明：强者和弱者的区别就源自个人的心理特质。

比如，同样的一波趋势行情，有的人没有进场，有的人早早地退出，他们都没有按照本应该遵守的交易法则去执行，自然也就赚不到该赚的利润。

所以海龟交易法的核心在于，投资纪律的管控。

而导致这种执行力出现明显差异的原因正是交易者的心理。

很多投资者非常厌恶损失，也不能接受利润回吐，即使遇到一波很好的行情，最终也很难赚钱。

有些人天生就具备交易特质，就很容易学会正确的交易方式。但大部分人都不具有那种天赋，那就必须通过学习培养出这些成功的特质。

其次，投资者要做好风险管理，一定要保住本金。

就好比赌场里最怕的事，是输光本钱，这是交易员的大忌。

保本求生，是一切交易最基本的出发点。

大多数刚入股市的新手都会高估自己的投资能力，于是重仓杀入，这是非常危险的举动。

因为随着仓位变大，风险其实不是跟着仓位等量增加的，而是爆发式的。翻两倍下注，风险不一定也翻两倍，很可能是三倍、四倍。

所以，当投资者决定放手一搏的时候，首先必须牢记一件重要的事：每年20％～30％的稳定回报就能在短时期内带来巨大的财富，这是个指数型增长模式。

假设你投入 5 万美元，年均回报能达到 30%的话，那么在 20 年之后，你就能拥有将近 1000 万美元。

复利的力量是无比强大的，但前提是你没有中途破产，能时刻保住本金。

海龟交易法的精髓是，我们永远不知道在一次交易中会不会赚钱，只知道大概的可能性，但我们只要在赔钱的时候控制亏损规模，赚钱的时候敢于持仓，赚取更多利润，那么，长期来看，赚的就会超过赔的，坚持下来就能看到收益。

这样来看，海龟交易法其实是非常简单的系统，但往往越简单的东西越有生命力。其实，几乎所有交易大师的投资方法都很简单，所谓的大道至简，却很少有人能够模仿。

海龟交易法的创始人就说过，我不在意任何人公布我的法则，因为没人会坚持照做。恪守规则，才是我的秘诀。随便哪个交易员，恐怕都能创造一套交易系统。但是，绝不是随便什么人，都敢坚持这套系统，直面惨淡的资本市场。

股市本质是一种算法，人也是。万物皆算法——可以读一读《人类简史》。

【象牙筷定律】 乐视是如何一步步让人避之不及的

缅甸有这样一个传说，有一条恶龙，每年都要求村庄献祭一个少女，每年这个村庄都会有一个少年英雄去与恶龙搏斗，但无人生还。又一个英雄出发时，有人悄悄尾随。龙穴铺满金银财宝，英雄用剑刺死恶龙，然后坐在尸身上，看着闪烁的珠宝，少年英雄也慢慢地长出鳞片、尾巴和触角，最终变成恶龙。

屠龙的少年最终被欲望所吞没，成为另一条贪婪的恶龙，这样的故事在我们的现实生活中比比皆是。

打江山难，守江山更难，在取得功绩之后盲目地进行吞并（或兼并）和挥霍，让欲望战胜理性，最终兵败如山倒，这就叫“象牙筷定律”。

今天，就让我们来聊一聊象牙筷定律。

象牙筷定律是指无法节制的权力和无限膨胀的贪欲，最终必然会反噬其主。在企业行为上，则表现为不断地通过吞并来扩大自己的经营领域，企图占领整个上下游产业链，结果却因为无力控制或者资金链断裂，使这些产业走向崩溃。

黄炎培先生曾在延安的窑洞中向毛泽东主席提起“其亡也忽焉”这样的历史规律，因此，也有人将象牙筷定律称为“黄炎培窑洞定律”。“其亡也忽焉"源自《左传·庄公十一年》:"桀纣罪人,其亡也忽焉"。这里的"忽"字,意为迅速、突然。

盛极而衰,说的就是这个意思。世人的贪欲,往往得寸进尺,得陇望蜀,是没有止境的。

企业的欲望体现出来的也是人的欲望,其往往代表的是企业最高决策者的欲望。企业的扩张是必然的,但关键在于你如何理解扩张的含义,有的企业扩张,是为了履行责任,是为了能更好地经营自己原本的业务,从而对上下游产业进行整治,这样能为客户提供更好的服务,也能够为自己的股东和股民创造更多分红。像阿里和京东,两者都对物流领域进行了扩张,都是为了给自己旗下的电商提供更便利的经营条件,同时也能给客户带来更好的物流体验。更多企业的扩张,其实是大而不强。

但有的企业扩张,却是打着某个名号敛财,不过是市场的吸血鬼罢了。

最典型的例子就是以贾跃亭为首的乐视。乐视原本是做视频业务起家的,在视频领域,曾经也是和腾讯、优酷、爱奇艺平起平坐的第一梯队势力,但后来却越发膨胀。不久之后,贾跃亭提出了所谓的"乐视模式",打造基于视频产业、内容产业和智能终端的"平台+内容+终端+应用"完整的生态系统。一时间,许多看好乐视的投资者纷纷对乐视进行了投资,创下了两张PPT融资150亿的奇迹。

但乐视接下来的发展却越来越妖,明明是做网络视频的,自己的本职业务还没有完全站稳脚跟,却已经开始了疯狂的扩张,先是做电视,接着做手机,之后又开始做汽车。

最终,乐视就这样一步步作妖,失去了原本所有的优势,最终开始亏损。

2017年6月26日,招商银行向上海市高级人民法院申请财产保全,请求冻结乐视和贾跃亭名下的银行存款,或查封、扣押其他等值财产。消息传出,业内震动,但此时的贾跃亭却躲在国外不肯回国,逼得北京证监局发函对他进行通牒。

第2章

特色、热辣和个性化经济

单身经济

【女性经济】 卖卫生巾，原来是这么牛的生意

有一句老话叫：女人和小孩的钱最好赚。互联网巨头做的都是女人和小孩的生意。

没错，做零售行业的人都知道，只要是女人看上的东西，那一定是个商机。比如，女同胞们每个月一定不会忘记补充最重要的库存——卫生巾。逢年过节，超市、商场里，还有网络上，卫生巾一定是卖得最好的商品之一，很多人每次都是两三箱的搬回家。媒体报道，2017 年一家超市搞跨年狂欢，卫生巾大甩卖，几名女子疑因抢购卫生巾而大打出手。

看来，卫生巾真是个很大的市场。据说中国有一个男的，靠卖卫生巾身价已经过百亿了。是的，卫生巾绝对是刚性需求，不惧怕任何经济周期，哪怕金融危机也不怕。

本文就来聊一聊卫生巾市场中蕴含的创业和投资机会。

女性经济是指，随着女性经济和社会地位的提高，围绕着女性理财、消费而形成的特有的经济圈和经济现象。调查显示，2017 年，中国女性消费者平均网购总花费超过 1.3 万元。目前，内地女性经济市场规模近 2.5 万亿元，2019 年有望达到 4.5 万亿元，是未来消费行业的“风口”。

以卫生巾为例，2016 年我国一次性卫生用品市场总规模为 829.4 亿元，

其中，卫生巾就占了半壁江山，市场规模达400亿元。说起卫生巾，它“无痕丝薄”“舒适棉柔”“干爽网面”的设计真的是非常贴心。

那它到底是怎么来的呢?

原来，卫生巾最早是来自医用的绷带材料，用来止血的，后来强生、金佰利等零售商从中嗅到了商机。第一次世界大战结束后，这种医用纤维棉，就被制作成干净柔软的卫生巾在商店售卖了。后来，又经过几十年的摸索和改进，卫生巾自带了粘贴功能，这就有了现代的卫生巾，目前女性用的基本上都是这种类型的卫生巾。

1982年，中国从日本引入了第一条卫生巾生产线，卫生巾第一次进入了中国女性的视线。一开始，中国女性是拒绝的，卫生巾这个奇奇怪怪又贵的玩意有啥好用的。但是渐渐地，她们开始喜欢上了卫生巾。据公开数据统计，2016年中国卫生巾覆盖率达到96.5%，卫生巾使用适龄女性人口数量高达3.77亿，每年消耗超过1000多亿片卫生巾。这么多的卫生巾，让各大厂商赚得盆满钵满。

心相印纸业创始人，被称为“闽商教父”的许连捷，把恒安集团的市值做到了800亿元，成为国内最大的生活用纸和妇幼卫生用品制造商。恒安集团推出的国产卫生巾品牌七度空间、安乐，凭借着产品口碑、广告攻势占领了近30%的市场份额。护舒宝、苏菲、高洁丝等外资品牌也不甘落后，凭借先进的技术和丰富的市场营销经验展开了猛烈的攻势，取得了卫生巾领域的另外半壁江山。而广东景兴的ABC牌卫生巾则绕开了一线城市，悄悄地占领了中小城市市场。虽然一些厂家被爆料其生产的卫生巾含有荧光剂等各种对身体有害的问题，但是“卫生巾经济”犹在，需求还在，规模还在。

一份资料显示，2015年卫生巾市场份额前五的分别是七度空间（占18%），护舒宝（占15.6%），ABC（占10.8%），苏菲（占9.8%），乐而雅（占7.5%）。各大厂商形成了诸侯割据、互成犄角的饱和竞争状态。那么卫生巾产业还有投资空间吗？现在进入还晚不晚呢?

卫生巾的品牌和资金壁垒都很高，比如女性对卫生巾的品牌忠诚度极高，这些都不利于市场开拓。不过，随着女性收入的提高，还有互联网带来的消费理念的改变，卫生巾的中高端市场其实还有很大的空间。这类品牌的卫生巾价格一般要比其他的同类产品贵 2～3 倍，但优势在于其更加注重服务和用户体验，如 NONOLADY 的小黑巾，其小翅膀外观，高端的品质，还会给用户推送笑话、漫画 IP、经期提醒等暖心服务。

拥有互联网思维的这类品牌，还注重各种各样“她”用户社群的打造，意在打造一个女性社区，增强用户黏性，这些都是传统品牌所不具备的。

“卫生巾经济”衍生出的其他经济更是不计其数。举例来说，一些电商购物网站在为老客户推送广告信息的时候，会根据女性不同的生理周期推送不同的个性化内容，从而进一步拉动消费。

小小的卫生巾却是个大生意，进场的、没进场的，都不会轻易放过这块大蛋糕。虽然卫生巾行业有很强的品牌壁垒，但是通常商业若切换跑道，则原有的壁垒也可能会成为一种累赘和负担。可口可乐公司生产碳酸饮料，一直把它设计的瓶子作为品牌符号，各种全球广告都能见到这种瓶子。一定程度上，可口可乐＝可口可乐瓶子。但是 1939 年百事可乐看出了可口可乐的包装塑料瓶是软肋——全球化工厂生产，全球化的瓶子制造磨具都是固定不变的，最后百事可乐通过降价，并且配合推出曼妙女体形状的新型可乐瓶而一举赶上可口可乐，因为可口可乐瓶子批量转型太难。当然，商战的胜败绝不是一两件事就能决定的。

【催乳师经济】 乳房按摩——中国女人不可言说的痛

“催乳师双手有节奏地挤压着手中的乳房，不一会儿乳汁就喷射了出来，溅在了她的脸上。”这是催乳师日常工作的一个片段。近几年来，在消除乳腺增生、催乳、排残乳等诱人的功效下，乳房按摩已经成为中国女性的新宠。

许多女性看重的不仅仅是催乳，而是相信按摩乳房可以丰胸，所以除了哺乳期的妈妈，许多年轻女性，甚至网红、模特也成了催乳师的常客。

然而，催乳按摩不仅价格不便宜，而且好一点的按摩一次就要上千块，效果也不明显，最关键的是，按摩手法错误，还会引起乳房病变甚至乳腺癌。在利益诱惑之下，许多人将目光转向乳房按摩，一些证照不全、手法不规范的按摩师也混入了这个行业，给广大女性的健康造成了威胁。

催乳师，又称揉奶师，通过中医推拿手法等催乳技术，帮助无乳或者乳少的产妇顺利分泌足够的乳汁，进行母乳喂养。近年来，催乳师的服务项目逐渐延伸到乳房保健以及丰胸等方面。在“全面二孩”政策实施、国家大力提倡母乳喂养的背景下，催乳师市场快速增长。

目前许多城市的公立妇产医院都开设了“治疗性乳房按摩”服务。然而，由于市场需求量大，很多不正规的胸部按摩场所仍然存在，比如各式养生馆、美容院，都有自己的乳房保健按摩服务和产品。这些商家纷纷打出

“揉出分泌物”“排出毒素”“畅通经络”“消除增生”“丰胸增乳”等噱头，使得胸部按摩成了最火爆的项目。

在乳房按摩的顾客群体中，除了催乳的女性外，也有越来越多的年轻女性，她们的主要需求是丰胸美乳。对于这些需求，商家们都是来者不拒，把乳房按摩吹捧得简直是可以包治百病、无所不能。

这些商家声称，只要购买她们的精油按摩项目，就可以促进胸部的二次发育，将腋下外侧的“副乳”推到胸部，即使从A罩杯升到C罩杯也不是没有可能的。在这里提醒妹子们，千万要小心，这些乳房按摩什么的多数都是骗人的！

许多所谓的“催乳师”都缺乏医学知识，比如有些女性发现乳房肿胀，做了乳房按摩后，却发现肿胀越来越严重了。这是因为，发生肿胀的腺泡是产生乳汁的地方，各级导管是输送乳汁的管道。有时候导管不通畅，乳汁到不了乳头，腺泡就会像充满水的气球一样，涨得很大。这时候如果做乳房保健，用一双有力的大手，将涨大的腺泡一个个挤破，不仅会很疼，还可能继发炎症，形成脓肿。

而且，非正规的“催乳师”无法鉴别乳房肿物的性质，容易把乳房的肿瘤误认为是积乳，单纯地给予局部按摩，反而会刺激肿瘤生长，延误疾病的治疗。

目前，进入“催乳师”这一行业的门槛很低。在网上搜索“催乳师”培训，不难发现，有些速成班仅需十天即可颁发“合格证书”，花500元就可办“职业证书”，有些机构甚至声称自己与“国家人社部”合作，由“中国科技人才中心”“中国创新专业人才中心”进行指导。

但是，你到国家人力资源和社会保障部官网上查询，目前国家职业资格管理数据库中并没有“催乳师”这一职业。较为规范的资格证书，就是由中国就业培训技术指导中心颁发的催乳师岗位培训考核合格证。

据不完全统计，这类持证人员在10万人左右。而全国各地提供催乳服务的无证从业人员已远超这个数目，其中不少都是由保姆、幼儿园老师转型过来的。

想象一下，这些人给你按摩胸部，你放心吗？所以，妹子们，还是尽量不要去做什么胸部按摩了，丰不了胸也治不了病，除非是哺乳期，需要适度、轻量按摩，以免形成乳房肿块。

现在，越来越多的男人也加入“催乳师”这个行业，此时“面膜”想起了小说《陈小手》。

【奶头乐理论】 沉迷游戏如痴如醉的你，其实是在被商家算计！

娱乐圈真的是热闹非凡，明星一说自己有女朋友了，就让超过10亿的吃瓜群众兴奋不已，导致微博的服务器都瘫痪了。而一位被誉为“中国天眼”的科学家(他叫南仁东，是中国著名的天文学家)去世了，但他离世的消息却无人问津。

现在的中国人，为啥都对那些明星“小鲜肉”、网络游戏异常感兴趣呢？

“面膜”不禁想到经典的“奶头乐理论”，或许可以解答这个问题。

所谓奶头乐理论，是指一些低俗的、迅速令人沉迷的娱乐，这个理论是美国著名的战略学家布热津斯基提出的。

1995年9月27日，包括时任英国首相撒切尔夫人、美国前总统老布什、比尔·盖茨等在内的全球500多位政治、经济精英齐聚旧金山，共同商讨全球贫富差距问题。这些精英们一致认为，全球化会使财富集中在20%的人手上，而另外80%的人被边缘化，那就可能导致你死我活的阶级冲突。

那该咋办呢？

布热津斯基的解决方案就是，既然谁也没有能力改变“二八现象”，那么就要想办法转移这些“边缘人”的注意力和不满情绪，让他们能够接受自己的境遇。比如开放大尺度的娱乐产业，发展暴力网络游戏，或者报道更多的无聊小事、明星八卦，大众化娱乐各种选秀节目等。

这样，就可以让穷人安于为他们量身订造的各种娱乐信息、激情游戏和无聊琐事之中，慢慢丧失热情、抗争欲望和思考能力。

奶头乐理论看上去很冷酷，但却很现实。因为人都有惰性，我们很容易习惯轻易就能获得的大量愉悦感，比如，沉迷于各种偶像剧、网络游戏，慢慢变得安于现状、不思进取。因此，与其说奶头乐是西方精英们的阴谋诡计，不如说是劳苦大众的自甘沉沦。

沉迷游戏如痴如醉的你，其实是在被商家算计！据公开数据显示，“腾讯王者”这款游戏在 2017 年 10 月份日活跃量最高达 5000 万人，同时在线人数突破 500 万。为什么这么多人迷恋打游戏呢？“面膜”上大学那会儿，宿舍里就有个别室友从 10 月 1 日进网吧，10 月 7 日才出来，演了一出网吧七日游。或许，精英们真该感谢这个时代，当他们拼搏的时候，许多人却痴迷于“王者荣耀”，痴迷于夜夜笙歌，不是在看偶像剧，就是在追明星八卦，这就是所谓的“比你有钱还比你更加努力”。

娱乐消遣要适度，过度则为迷恋。

挪威人喜欢吃沙丁鱼，尤其是活鱼。市场上活鱼的价格要比死鱼高许多。所以渔民总是想方设法让沙丁鱼活着到达渔港。可是虽然经过了种种努力，绝大部分沙丁鱼还是在中途因缺氧而死。但却有一条渔船总能让大部分沙丁鱼活着到达渔港。

然而船长严格保守着秘密，直到他去世，谜底才揭开。

原来，船长在装满沙丁鱼的鱼舱里放进了几条沙丁鱼的天敌——鲶鱼。

鲶鱼进入鱼舱后，由于环境陌生，便四处游动。沙丁鱼见了鲶鱼十分紧张，左冲右突，四处躲避，加速游动。这样沙丁鱼缺氧的问题就迎刃而解了，一条条沙丁鱼活蹦乱跳地到达了渔港。这就是所谓的“生于忧患”。

那么，我们应该如何逃离“奶头乐”的安乐窝呢？

你首先得要有毅力，先从戒掉网游开始。如果已经陷入很深，不能一次性戒掉，最好的方法是先给自己制订一个 30 天的短期计划，试试克制。

古今中外，社会阶层如果按照地位分，大致可以分为精英阶层、夹心层和社会底层。夹心层的社会属性一般最为活跃。人一旦沉迷网络，沉迷游戏，沉迷无营养的娱乐，便再也没有了在年富力强的年纪完成阶层流动的欲望，这就是“奶头乐”的作用。

古人云：生于安乐，死于忧患。

鲁迅也说：不在沉默中爆发，就在沉默中灭亡。

应以箴言为鉴。

【女性游戏】 养蛙的乐趣只有“妈”知道

2018年中的朋友圈莫名被一只小青蛙给霸屏了。看着好友们亲切地叫小青蛙为蛙儿子，“面膜”才明白，原来这是一款名叫“旅行青蛙”的放置类休闲游戏。

玩家只需要为自己的青蛙准备饭菜、护身符和道具，然后唯一能做的就是等。

青蛙的行为无法预测，它可能会踏上旅途，寄回旅行照片，带回沿途特产；也可能会宅在家里吃饭、读书、写手账或者削木头。由于不需要花费什么精力，受到很多佛系青年、特别是广大女性佛系们的喜爱。

彼时“青蛙旅行”在尚未宣传的情况下，已经位于AppStore游戏免费榜第一位，超越了“荒野行动”和“王者荣耀”。女性玩家几乎人手一只小青蛙。这款小游戏之所以会以迅雷不及掩耳之势走红，与近年来女性游戏玩家的崛起有很大关系。

“女性游戏”，顾名思义，就是专门为女性玩家开发、适合女性玩的游戏。女性游戏的特点是画面精美、人物美观，而且多数由著名声优全程配音。女性游戏大多以恋爱为题材，如《恋与制作人》；也有放置类的，比如曾经火热的“旅行青蛙”，以及之前的各种偷菜游戏。

随着女性玩家的与日俱增，适合女性玩家的游戏越来越受到游戏公司的重视。据说，掌握了儿童用户和女性用户，就可以得天下。

女性玩家一般不喜欢打打杀杀的游戏，而是喜欢能满足女性情感需求、符合女性玩家审美的游戏，最重要的是玩法不能太复杂，闲暇之余打开点两下就好。

而"青蛙旅行"正好符合这些特点。

你注册了一只青蛙后，它就和你产生了一种疏离但又温馨的关系，玩家惦记着青蛙的日常生活，就好像窥探平行世界里的另外一个自己，彼此没有负担，各自随缘。

你在游戏中唯一能做的，就是充当它父母一样的角色，给你的"蛙儿子"准备东西。就好比小时候父母每天晚上给你收拾书包一样，你可以给他带食物、护身符以及道具。

可以说，这款放置类游戏，玩的正是对儿子的牵挂，让玩家更有"为人父母"的代入感，无时无刻不惦记着儿子。

这样一款游戏对广大佛系女性来说，那是毫无抵抗力的。

"恋与制作人"也是一款主打女性市场的手游，2017 年底才在 IOS 首发，上线仅一个月时间，单日最高流水就达到了 2000 万元左右，月流水达到 2 亿～3 亿元，成为现象级手游。"恋与制作人"的用户群中 95％都为女性玩家，其中，24 岁以下的女性玩家占比就达到了 74％。

毫无疑问，女性游戏已逐渐成为一个风口，这一点游戏业内已经达成共识。

腾讯微信负责人张小龙曾说过，微信小游戏的累计使用用户达到了 3.1 亿，且男女玩家五五分。如果将玩过微信小游戏的用户都定义为玩家的话，那么目前女性玩家至少有 1.55 亿。

另据公开数据显示，在之前的现象级网游"阴阳师"及"王者荣耀"中，女性玩家的占比也超过了男性玩家。

最关键的是，现在女性玩手游比男性更加上瘾。据市场调研机构数据显示，女性每月使用移动应用程序的时间大约比男性高出一个半小时。

然而，尽管市场需求很大，但真正符合女性胃口的游戏产品并不多。所以，类似"旅行青蛙"这样的轻度游戏可能会成为手游研发的一个新趋势。

【口红效应】 买口红能拯救经济危机吗?

生活中我们经常会遇到一个问题,做什么能让我们开心?有人会回答工作取得了进展,有人会回答大吃一顿,也有人会回答买一个好看的包就会激动很久,但处在大萧条时期美国妇女的回答却是买一支口红。

1929 年 10 月 24 日,在那个著名的"黑色星期四",美国的股票市场全线崩溃。股指从 365 的高点下跌了将近 40%。大萧条最初的现象是从金融界蔓延出来的,之后开始向全世界范围扩散,对千百万人的生活造成了史无前例的影响。成千上万的投资者眼睁睁地看着自己毕生的积蓄在一夜之间烟消云散,短短的两周之内接近 300 多亿美元的财富付诸东流。

在美国著名历史学家威廉·曼彻斯特笔下的《光荣与梦想》中有这样对萧条时期的人们生活的详细记载:"在美国这个世界上最富有的国家里,有 1500 万以上的人到处找工作,可是哪里也没有工作可做。到了 1932 年 9 月,《财富》杂志估计,美国有 3400 万成年男女和儿童没有任何收入,接近人口总数的 28%。这个数字还没有加上 1100 万处于社会最底层的农民。中产阶级的跌落迅速得令人心痛。在加利福尼亚水库干粗活的工人中,有好多是农场主、牧师、工程师,还有一位是中学校长和一个密苏里州某银行的前任行长。"

不少年轻人选择结束自己的生命来逃避现实,但活着的人依然需要面对生活,乐观的女士则买一支不再被视为化妆基本用品,而是时下奢侈的口红来彰显自己对美好生活的渴望。

从经济学原理看，经济萧条，使人们的收入急剧减少，消费需求降低，房产、汽车销售量快速萎缩，汽车制造商通用、福特等资金流动出现危机，濒临破产。人们把手中的闲钱用于消费那些昂贵商品的替代品——“廉价的非必要之物”，口红由于价格不高，但会给人们带来安慰，尤其是在抿嘴的一瞬间，因此大卖，这个现象被经济学家总结为是萧条时代的一条显著特征，称之为“口红效应”。

无独有偶，2008 年的金融危机中，口红、面膜的销量也飞速上涨，做头发、按摩等服务性行业也颇具人气，这与大宗商品和奢侈品的低迷销量呈现鲜明对比。全球几大化妆品巨头的销售额证实了这一观点，如法国欧莱雅公司 2008 年上半年销售额逆势增长 5.3%，德国拜尔斯多尔夫股份公司以及日本资生堂公司等也有不同幅度的销量上涨。口红效应再次显现，这一 20 世纪 30 年代提出的理论也在海外媒体上不断亮相。

口红效应下，得到发展的不只有口红产业，经济学也在衰退期得到了极大的发展，因为时任总统沃伦不断地增发货币，大大超出了实体经济的需求，继而又在缓慢通货膨胀积累成为问题时，紧缩流动性，从而直接导致股市崩盘，直至罗斯福新政后，美国经济才逐步好转。

对经济萧条的成因和治理措施，经济学家们从未达成过共识。

凯恩斯主义主张既然衰退问题已经发生，那么就应当积极采取补救措施，而不是放任不管，所以政府必须承担起挽救经济的责任；哈耶克则强调大萧条的根本原因是不适当的政策干预扭曲了生产结构，所以要根治大萧条，解决经济周期性波动问题，必须以市场经济为主导，政府任何形式的干预都只会导致更多的扭曲，恶化经济情势。在当时衰退的背景下，凯恩斯主义占到上风，但当 2008 年金融危机出现时，凯恩斯主义无力解释，说明其也存在漏洞。

当然仅凭口红是不能拯救大萧条的，是罗斯福新政中的汇率贬值以及随后的第二次世界大战激活了大量的美军工企业，让美国走出泥潭，站上世界巅峰。

【化妆品产业】 现在的“中年少女”都爱啥化妆品？

犹太人说，女人的钱是最好赚的，女人有化不完的妆和装不满的衣柜！

没错，这年头，就连十五六岁的小姑娘也知道化妆、打扮。

于是，我们看到无论是商场还是路边小店里，各种各样的化妆品都卖得很好。

小到十几块的眼影，大到几百的粉底都蕴含着巨大的市场需求。

不仅市场规模大，化妆品也是不折不扣的暴利行业。一个小小的眼影进价不过2块钱，却卖35块钱。当然，化妆品、医美行业，最大的费用支出通常还不是研发，而是营销费用，非常高。

本篇就来聊一聊化妆品行业里的投资机会。

化妆品，是一种精细化工产品，通过涂抹、喷洒的方法，散布于人体表面，达到清洁、保养、美容的效果。中国化妆品产业，经过20多年的迅猛发展，现今，中国的化妆品市场是全世界最大的新兴市场，全行业形成了一个初具规模、极富生机活力的产业大军。涌现出一批以美加净、六神、大宝、郁美净、舒蕾、欧珀莱、隆力奇等为代表的国产化妆品品牌。

据中商产业研究院预测，2017年全年，全球化妆品市场规模大约1.49万亿元人民币。而中国美容与个人护理市场规模为4000亿元左右，成为仅次于美国的全球第二大化妆品消费国。

从国内化妆品市场的构成情况来看，护肤品、护发产品、口腔护理产品、沐浴用品和彩妆是前五大品类，贡献了90%的市场销售额。巨大的市场规模背后是中国庞大的“化妆品人口”。所谓化妆品人口，是指那些有消费能力的年轻女性。据统计，中国的化妆品人口已由2005年的2200万人，增长到2010年的1亿人，预计2020年将达到4亿人。

调研显示，在化妆品人口中，20～29岁的年轻族群，已经成为化妆品消费的主力军，她们尤其热爱高端品牌。在奢侈彩妆品牌领域，她们贡献了53%的销售额。这类年轻的群体，更加重视外在形象，消费观念超前，舍得花更多的钱在化妆品上。

然而，尽管中国化妆品市场规模巨大，但随着大量资本进入以及大众消费需求的转变，化妆品行业的竞争也日趋激烈。

比如，高端品牌领域外资企业的竞争已经趋于白热化，而对于中小企业来说，品牌缺乏明确定位，同质化现象严重。

这些化妆品行业面临的问题，换一个角度来看，也是一种商机，如果能拿出好的解决方案，那么很多企业可以借此实现弯道超车。一种解决思路是，借助互联网传播，利用网红、直播、粉丝经济等新兴的营销手段推广宣传自己的化妆品品牌，只做化妆品的细分类目，比如只卖进口假睫毛。

纽约名媛家族、卡戴珊家族的金小妹，于2015年开创了个人品牌Kylie-Cosmetics，首款唇膏上线几秒钟就被一抢而空，形成一支难求的局面。

金小妹依靠这一品牌，18个月内就豪赚4.2亿。

韩国化妆品公司邀请中国“网红”代言他们的产品后，这家公司在中国的月销售额同比暴涨了6.7倍。

另外一种解决方案是，提高化妆品的颜值，要知道很多女性是愿意为自己的“少女心”买单的。以“颜值”为主要卖点的日化用品，售价高出普通产品数倍甚至数十倍却依然受到市场热捧。

比如，在商场里，有一款牙膏含有“爱心夹片”，售价比同类牙膏高出一倍。

除了牙膏，像沐浴露、洗发水等产品也走起了“卖颜值”“少女风”路线。

日化用品“颜值当道”，背后是90后新消费人群的崛起、网络社交等因素共同推动的结果。

现在，90后群体已占全国人口的16%，90后正成为消费的新引擎。

与热衷于“物美价廉”“高性价比”的父辈相比，90后，甚至是95后似乎“买单全凭高兴”，只要自己喜欢，多花点钱也没多大关系。

所以化妆品行业永远都是朝阳产业，女人的兴趣在哪里，赚钱的机会就在哪里。

化妆品产业繁荣的背后，是力比多的驱动。

【土豆效应】 居民储蓄结构的外在表现？

根据央行此前公布的数据，截至 2018 年 7 月，全国住户存款余额为 68 万亿元，如果扣去各种各样的贷款，净存款额只有 22 万亿元左右。即便在 68 万亿元里，大约 50 万亿元掌握在 1000 万人手里，人均 500 万元；还有大约 10 万亿元，掌握在 3 亿人手里，人均 3.3 万元；剩下的大约 8 万亿元，掌握在 10 亿人手里，人均 8000 元。

在这里我们要先跟大家解释一个经济学方面的词，叫作“土豆效应”。

土豆效应又称为“吉芬难题”，本质上是由贫富差距分化严重以及消费降级造成的。我们可以把“土豆”看作是广义的便宜、低端食品的代名词，即经济危机时，因为消费者对便宜、低端食品的需求增加，因此这些食品的价格就会上涨。土豆效应在资本主义经济危机史中得到验证。简单地说，就是危机面前，人的需求向马斯洛需求层次的较低层滑动。它与经济学上的另一个词“口红效应”略有区别。

口红效应是指，在美国，每当经济不景气时，口红的销量反而会直线上升。或许是因为在经济不景气的情况下，人们会转而购买比较廉价的奢侈品聊以安慰，口红恰恰是一种比较廉价的奢侈品。

土豆效应和口红效应的趋势是一样的，都是消费降级，但需求层级不一样，土豆效应停留在人的生理需求这一最低层次，口红效应则在人的心理需求这一层次。从央行公布的全国住户存款余额的结构上可以看出，贫富差距依然存在，前 1000 万人拥有的储蓄总额是 10 亿人拥有的储蓄总额的 6 倍还多。也可以看出，全民购房之后，央行数据显示，10 亿多居民的存款余额平均不足 8000 元。虽然强大的宏观调控政策平抑了经济周期，但土豆效应已经有所显现。

统一企业中国控股有限公司发布的半年报显示，2018 年上半年统一方便面业务收入达 41.5 亿元，同比增长 8.0%；康师傅控股有限公司发布的半年报显示，上半年康师傅方便面业务营收 111.34 亿元，同比增长 8.4%。中国食品科学技术学会的数据显示，2018 年上半年，方便面行业销量增长 4.5%，销售额增长 8.6%，量价齐升，增长提速。中国方便面行业呈现出积极、稳健的增长态势。

涪陵榨菜 2014 年和 2015 年的营收同比增长率仅仅只有 7.12% 和 2.67%，到了 2016 年，其业绩增长率回升到了 20.43%，2017 年营收同比增速高达 35.64%，而 2016 年和 2017 年正是居民大力加杠杆的时候，也就是居民存款余额骤降的时候。有的人用“重构市场边界”来解释涪陵榨菜的业绩大增，这对于涪陵榨菜这种国有企业来说实在有些过誉了。

方便面和榨菜是土豆效应最生动、最贴切的实例。2015 年成立的拼多多在 2016 年和 2017 年赶上了时代的风口，才会在短短的三年之内赶超京东。这也是“消费降级”或者“消费分级”的一个集中缩影。

那么在 2016 年和 2017 年基金经理不断宣扬的消费升级是怎么回事呢？其实，这并不难理解。随着基尼系数的扩大，消费升级与消费降级必然并存，并且会愈演愈烈，所以，必然有人把茅台囤满整个地窖，也必然有人会多吃几包泡面、多吃几包榨菜。事物都有两面性，这是辩证的。

【陪伴经济】 一个人孤枕难眠，让“她”伴你入睡

深夜还是孤枕难眠？没事花点钱“她”会伴你入眠！在好莱坞电影里，有这样一个情节：宅男爱上电脑系统化身的女生，久而久之习惯了她每时每刻的陪伴，最终开启了一段浪漫奇幻的虚拟爱情。而在现实中，声优助眠也已成为众多失眠人的忠实伴侣，那醉人的声线陪伴着无数未眠人入睡。因孤独催生而来的陪伴经济中，用户购买的不仅仅是服务，更多的是一种人与人之间的情感交流，某种意义上来讲，陪伴经济也属于共享经济的范畴。

共享经济出售的是物品使用权，提供的是富裕的空间，陪伴经济则是通过出租人的时间和知识去换取收益的一种模式。由于生活压力增大，陪伴睡眠成为了一个刚需且增量巨大的市场。数据显示，中国目前的失眠症患者超过 38.2％，越来越晚睡的年轻人越来越需要抚慰的情感陪伴和宣泄，因此“陪伴”便成为了一门生意！

实际上多数人都有睡前听点东西的习惯，这是一个很有想象力的市场，有敏感嗅觉的投资人，提前看到了这种情感缺口的商业价值，除了以声音陪伴为主的虚拟商品外，比如午夜电台叫起床、道晚安、求安慰、送祝福已经不再新鲜，实物陪伴越来越受到人们的重视，并且逐渐形成了一种独特的陪伴经济。

刚结束一段恋情的小刘已经习惯了每周都给自己订花，每周一看见插好的花送到办公室，原本很丧的一周开始变得无比美好！这个陪伴让她觉得生活更加婀娜多彩，单身也可以活得自在美丽。小刘说，她身边大部分女性朋友都会给自己订花。

每到过年的时候，互联网上总有租男友、女友的服务，虽然不直接触犯法律，但是道德尺度很难拿捏。为了应付家长的唠叨，有时也会带到同学会上撑撑场面。陪伴经济之所以能够越做越大，也从侧面印证了现代人在现实世界的孤独，人们在虚拟世界寻找陪伴，很大程度上是孤独感在起作用。为什么一人小火锅开始崛起？是因为孤独！

据国家民政局数据显示，我国的独居人口已经从 1990 年的 6%上升到了 2013 年的 14.6%，而截至 2015 年底我国单身人口已经达到了 2 亿。欧洲国际咨询公司的数据显示，2012 年后我国独自生活的成年人有 7700 万，随着单身人口的增多，面向这一人群的经济市场将不断扩大，一种新孤独主义的生活方式在深入人心的同时，也造就了一个巨大的消费市场。根据国际孤独等级表，孤独等级依照行为划分，且孤独感依次递增，分别是一个人逛超市、一个人去餐厅吃饭、一个人看电影、一个人吃火锅、一个人 K 歌、一个人去游乐场、一个人搬家、一个人看病，这份表单的背后是都市人满满的寂寞甚至心酸。但每一种行为背后也许都蕴含着巨大的商机，比如私立医院收费昂贵但是有十分贴心的导医做每一步诊断的陪伴。

另外，不能忽视老年人的孤独，这个现象也很突出，相比年轻人可能更甚，所以老年人相亲也越来越多。

陪伴经济在未来会有越来越多的市场，不过陪伴经济也是一把双刃剑，它在改善人们生活品质的同时，也会导致相应出现感情骗子、钱财诈骗和勒索等，如那些专门向老年人推销假医疗设备的无良商贩，在这里提醒“面粉”朋友们要谨慎对待！

越是冷门的经济越有生命力，就像申请吉尼斯世界纪录，越是冷门的项目越容易成功。商机就在于此。

【避孕套效应】 日常用品避孕套卖得越火，经济越差？

2018年的双十一购物狂欢结束后，在天猫高达1600多亿元的交易额中，你知道生活中常见的避孕套卖了多少吗？数据显示，双十一当天，天猫除了卖出上百万条秋裤外，还卖出了超过5000万个避孕套。“面膜”感叹，这难道不是单身男女的节日么？

抹去单身狗的泪水，“面膜”细观避孕套销量和经济好坏之间的关系，确实发现了一些相呼相应之处。一般来说，避孕套卖得越多，经济越不景气，这种现象也被人们称为“避孕套效应”。这个名词大家可能不熟悉，但“口红效应”大家应该都听说过，指的是因经济萧条而导致口红热卖的一种有趣的经济现象。

近年来，随着避孕套销量的增大，避孕套也像口红一样，能反映出一定的经济趋势。一般来说，经济不景气的时候，避孕套销量反而越高。比如2008年，当经济危机全球蔓延时，韩国国内避孕套的销售额却逆势增长。

据韩国《朝鲜日报》报道，2008年的8月至11月，全国GS25便利店3300多家卖场的避孕套销售额比去年同期增加了19.3%。而GS25当年前7个月的避孕套销售额同比仅增长5.2%。无独有偶，便利店7-11的情况也是如此，8 月至 11 月中旬，7-11 的避孕套销售额比 2007 年同期增加了 17.5%，这也远高于 2008 年前 7 个月的避孕套销售额增加率 6.4%的数字。

有学者认为，这背后的原因是经济萧条会给人带来压力和恐慌，而且经济拮据也让很多家庭推迟生孩子，等到经济危机过去再添丁。也有专家认为，在经济旺盛时期，恋人相聚的机会变少，夫妻在一起行房事的频率下降。这自然造成对避孕药、避孕套的需求疲软。经济危机时，一些恋人之间相处时间变多了，而又担心这时怀孕，避孕药具的需求量自然将增大。

当然，影响避孕套销量的因素还有很多。比如，政策变化就会影响避孕套销量。2015 年底，我国宣布实施“全面二孩”政策。消息公布后，世界最大的婴儿配方奶粉生产商之一法国达能的股价上涨了 3%，达到当年 4 月以来的最高水平，而日本避孕套生产商冈本的股价却应声大跌 10%。另外，一些突发事件也会影响避孕套销量。比如 2015 年闹得沸沸扬扬的优衣库试衣间不雅视频事件。当天，避孕套的销量就达到了一个小高潮，日环比暴涨 150%。当月，25 至 34 岁人群验孕棒的销量达到 2015 年的最高峰。

值得关注的是，重大体育赛事一般对避孕套销量有负面影响，这是因为像世界杯这样的赛事，会分散很多男性的注意力，难以把心思放在女友身上。2014 年世界杯期间，某 App 的数据库显示，世界杯仅开始不到一周，安全套类产品的购买量就下降了约 15%，从日常的约 11000 件跌到了 8000 件左右。天猫数据也显示，世界杯开赛第一天，避孕套搜索量和成交指数均降到了近一个月的最低水平，购买避孕套的人数比开赛前一天减少了近 20%。

当然，严厉的“扫黄”行动对避孕套销量而言是短期重大利空。2010 年，“扫黄风暴”从北京开始，随后向全国迅速传导，数千涉黄人员被查。这场强势风暴导致安全套销售快速下降。统计数据显示，自当年 5 月份以来，杰士邦、双一、杜蕾斯等三大品牌的安全套在全国大中城市的平均销量较历史同期下降了近 20 个百分点。你看，一只小小的避孕套就能反映经济的基本面，可谓“春江水暖鸭先知”。

2014 年东莞“扫黄”行动也出现了类似的情况。“扫黄”之前，一家便利店一天最高可销售 13 盒避孕套，“扫黄”后，销售几乎为零。而这种状况经过大力的治理后，至今都没有反弹的迹象，杜绝了“隔江犹唱后庭花”等景象的再次发生。

其实，还有一个与之类似的有趣现象。还是在电视媒体霸屏的年代，机顶盒销量越大，经济越不景气。二者在逻辑上或许异曲同工。

【共识经济】 广场舞大妈们为啥风雨无阻?

你发现了吗? 跳广场舞的大妈不论风吹雨打都会聚集在一起跳广场舞,而且即使广场舞音乐有的时候扰民了,她们也会同仇敌忾,一拥而上,甚至群殴反对者。

再来看看一般老年人,买了保健品之后,都乐于介绍给身边的广场舞同伴。通常保健品效果都是比较缓慢的,不过只要有一个老人买了,很快就会有一堆老年人去买同样的保健品。传播效果呈现裂变式。是什么力量促使老年人的群体凝聚力如此之强呢? 这就不得不说到"共识经济"这门学问了。

所谓共识经济,是指在经济活动中,有一个固定的抽象概念或者符号形成的共识机制。根据互联网经典教材中的SNS量化定律的结论,一批萤火虫在黑暗中会同时忽明忽暗;人们在剧场中的掌声也总是趋于一致;水分子在结晶的时候总能形成美妙的六边形雪花;在A股"跌跌不休"的时候,人们总是倾向以为国家队会来护盘;房价高企,但是大部分人依然觉得一线城市房价永远不会跌。这种通过看不见、摸不着的通信机制而形成的自组织行为便是"共识经济",又叫"共识模式"。共识者,有相同的信仰。

共识经济有很多方面的应用。比如,医药行业如果有标准的共识,就不需要重复临床试验了，可以大大减少药物上市的周期和成本，老百姓使用的药物尤其是没有纳入社保的进口药物，价格会随之下降一些。

实际上共识有两种，一种是主动共识，还有一种是被迫共识。不论主动共识还是被迫共识，都是共识经济的侧面体现。

主动共识一般依靠信仰链接，比如大家都觉得区块链会火。还有一种是被迫共识，比如李笑来的录音深刻揭露了虚拟数字货币的割“韭菜”骗局，但是奇怪的是，币圈一片平静，币价也很稳定，这说明大家对骗局、对“韭菜”早已有了心里预期。若币价一瘫痪，“韭菜”和投资人便跑不出来，利益将受损，所以是基于维护利益的被迫共识。被迫共识在互联网领域最常见，比如互联网平台一有优惠或者为了获取新客会引来大量羊毛党，羊毛党拼命薅羊毛，哪怕平台即将被薅倒闭了，只要谁一发表这家平台要倒闭或者不好的评论，羊毛立马就会反击，没有平台哪有羊毛的生存环境呢？这也是被迫共识的一种。

研究结论表明，一般来说，中国大妈、“韭菜”以及小企业家这三种有消费力的人群是最容易形成共识的。

不过要想形成共识并不容易。比如经济学家吧，他们就常常因为连小问题都难以达成共识，从而很难让人相信他们对金融的预测和分析会有多靠谱。

【渣男经济学】 爱情骗子的幸与不幸

虽说朝秦暮楚、始乱终弃的渣男形象自古就为世人所不耻，人们会诟病其行为不端，但古往今来，不仅历史上渣男当道，现在渣男也很多，并衍生出很多经济学，跟渣男相处的女性不仅心灵受伤，而且经济上也会受到盘剥，甚至血本无归。所以，面对渣男，女性要保护好自己，尤其是经济层面一定要隔离。

文史记载，早年的汉高祖刘邦，生活作风混乱，在吕雉出嫁前就未婚育有一子刘肥，到处闲逛，骗吃骗喝。睢水一战，汉军大败，吕雉被俘，在牢里待了两年，刘邦倒是一点不含糊，早已有了戚夫人。

前段时间很火的“原谅梗”“绿帽梗”勾起了多少笑中带泪的“接盘”真相。你们总说“原谅，原谅”，可是老实人已经很累了，老实人也想化身渣男，左右逢源。

渣男往往以年轻且有钱的青年男子为主，通常荷尔蒙旺盛，贪玩心很重，泡妞实力超群，搭讪手法娴熟，抛盘决绝果断，善后处理不佳。因此，从金融角度来说，脱离渣男，退出路径很难。

从金融学角度来看，假如女方不幸选择了渣男，之后又找个老实人嫁了，自己的青春早就所托非人，外貌红利也早已消失，而老实人却不得不继续持有，并为之负责。理性人考虑边际量，权衡取舍之下，老实人发现化身渣男或许是最优的选择。在这种市场环境下，渣男群体此消彼长，生生不息。我们戏称这种现象为“渣男经济学”，娱乐圈尤甚。

我国适婚男女比例不均衡，使得择偶配对具有相对的稀缺性。如何配置这种稀缺资源，让社会上的每一位单身人士都达到最优是一门学问，也是一种艺术。

有人说，恋爱就像嚼口香糖，即使是“炫迈”也有无味的一天。刚刚坠入爱河的情侣往往是效益最高的时候，无论是牵手亲吻，任何的亲昵动作都是那么的韵味悠长。然而，随着接触次数的增加，相处会变得越来越没感觉，所以恋爱呈现出边际效率递减的趋势。从经济学角度来说，当边际效率小于边际成本，恋爱就开始亏损。这也可以解释三年之痛、七年之痒出现的原因。歌有云：“情人总分分合合”，它形象地反映了处于激情衰退期的情侣对爱情食之无味、弃之可惜的鸡肋态度。对于很多渣男来说，恋爱对象的选择具有多样性，因此他们更加容易移情别恋。

再来谈谈运气的部分。古人偶然挥了下旗子后，天空就开始下雨，于是他处心积虑地研究了一套挥旗祈雨的手法。同样，这种不着边际的想法，沿袭至今，尤其体现在某些渣男身上。

渣男们总是将自己的战绩四处宣扬。其实这本不足道，只要样本数足够多，任何小概率事件都有可能发生。社会上的男性基数那么大，出几个在感情路上顺风顺水、披荆斩棘的人也不足为奇。史学家不以成败论英雄，英雄打胜仗或败仗，和他们本身的特殊本领无关，他们的命运完全取决于外部的力量，这通常是概率之神的杰作。

达尔文的“自我选择”理论深入人心，所以一些外行人相信恋爱亦是如此，男朋友的水平应该是持续进化的。实则不然，达尔文的观念谈的是繁殖适应性，而非生存。正因对象适配过程具有随机性，所以会出现现任男友比前任男友还差的情况。天道好轮回，苍天饶过谁。这只是暂时的，掉枪头的激励不会让渣男存活太久。

现在职场上有些女性为了博取管理职位或者资源，与男性上司进行“利益置换”，“面膜”在此提醒女性朋友，千万不要这样做，也许短期能走捷径，但是走不远，且存在众多隐患，更为关键的是，女性想要退出可能很难。

国外渣男也是很多，比如大文豪笔下的《漂亮朋友》就是一个典型缩影。

【垃圾人定律】 警惕你身边的“异形”杀手

生活中，坏事常常不期而至，有时是天灾，更多的时候是人祸。

2018年8月，昆明发生了一起女大学生遭陌生男子无故殴打的恶性案件。

据受害人回忆，在一个十字路口，一名20多岁的男子驾驶摩托车迎面将她撞倒后，露出很奇怪的笑容，然后对她进行殴打。

本来好好的旅游，就这样变成了一场噩梦。

这是一个典型的“垃圾人”发狂案例。

有一个作家曾说：现代人戾气太重。

本篇就来聊一聊怎样应对垃圾人。

“垃圾人定律”来自大卫·波莱的《垃圾车法则》，大卫毕业于宾夕法尼亚州大学心理学专业和耶鲁大学经济学专业。垃圾人定律说的是，有些人身上充满了负能量，他们易怒、忌妒、算计、仇恨，他们四处奔走，就像垃圾车，随着他们身上的垃圾越堆越高，随时可能引爆。如果你给他们机会，他们就会把垃圾一股脑儿地倾倒在你身上。

大卫认为，生活只有10%是靠你创造的，而有90%则是看你采取什么样的态度。开悟的智者一般劝渡不要活在别人的评价之中，原因就来源于此。

所以，如果遇到垃圾人，你一定要保持理性，切忌与垃圾人动气，你只要挥挥手，祝他们好运，继续走你的路就好。这一条要谨记。

为什么不和垃圾人争论呢？

因为垃圾人不是一般的人，他们有大把的时间与你消耗，他们通常不讲道理，而且有人身攻击倾向，这些你都不占据任何优势。

听过一则寓言故事：老虎在路边遇到一条疯狗，赶紧躲开了。

虎娃问虎爸爸："父亲，你敢与狮子厮杀，敢与猎豹缠斗，为何要怕一条疯狗？"

老虎笑着回答："不是谁都配做你的对手，打败一条疯狗不光荣，但被疯狗咬到就很倒霉。"

就像人一样，走在路上被狗咬了一口，你会趴下来咬疯狗一口吗？

尼采说过："与恶龙缠斗过久，自身亦成为恶龙。凝视深渊过久，深渊将回以凝视。"

你与恶龙斗气，自己也会在不知不觉中变成恶龙，总是喜欢跟黑暗的深渊较劲，深渊也会对你纠缠不休。

电影《蛮荒故事》里就讲了这样一个故事：奥迪男开着豪车，前面有个垃圾人故意不断变道挡他的路，于是他在超车后顺便"问候"了垃圾人全家。

后来，奥迪男的车在路上抛锚了，修车的时候，垃圾人开车追了上来，不断攻击奥迪男的车，砸碎了车的玻璃。

奥迪男眼看爱车被毁，彻底被激怒，于是，他开车将垃圾男的车顶到了河里，并准备用车撞死垃圾人。两人在河边打斗起来。

最后，强壮的垃圾人将奥迪男绑在车门上，试图点燃油箱把他炸死。但奥迪男挣脱后死死抱住垃圾男，结果两人同归于尽。

这个故事让人深省。如果奥迪男能够知道垃圾人定律，见到垃圾人就躲得远远的，而不是激怒垃圾人，这样奥迪男可能就能逢凶化吉，转危为安。谨记，不要得罪垃圾人。

但生活没有如果，很多时候，生活不会跟你讲道理，因为垃圾人根本听不懂。跟疯子吵架，你自己也会发疯。与恶龙斗气，自己也会变成恶龙。

逞一时之快，不但保护不了自己，反而打开了垃圾之门。轻者受伤，重者送命，真不值得。

【方便面经济】 方便面为何失宠又复而得宠

对于 80 后、90 后的年轻人来说，最有味道的童年记忆，莫过于小时候蘸着调料吃下的每一口方便面。特别是吃完方便面舔手指头的那一刻，莫名的幸福感便会油然而生。

昔日有“春运必备神器”之称的方便面，是中国名副其实的全民食品。

中国人平均每年吃掉的方便面高达 400 多亿包，相当于世界方便面总消费量的一半。

然而，最近几年的一个新变化是，方便面开始失宠了。

据世界方便面协会数据，2016 年中国方便面销量为 385.2 亿份，与 2013 年相比下跌了 77 亿份，跌幅高达 16.6%。

而更值得注意的是，康师傅三年时间竟裁员两万人。

方便面销量变化背后可以反映出中国人的消费行为变迁。

由于方便面覆盖人群非常广泛，“方便面指数”能反映一定的经济形势和消费趋势，可以观察普罗大众的消费变化。

那么究竟是什么原因，让中国人对方便面的兴趣下降了呢？

经济学者吴晓波指出，“泡面经济”变化的背后是消费升级、公共健康意识的觉醒和中产阶层的崛起，整个快消品市场的势力版图已发生了剧烈变化。

随着经济的发展，中国消费者对食品健康的要求越来越高，方便面、糕点和糖果的销量不断下跌，酸奶、干果的销量则在不断上涨。

与此同时，网络点餐平台和外卖的快速发展，让人们多了一项选择。

有媒体指出，以“饿了么”“美团外卖”“饿了么星选”为代表的一批网络点餐平台，让更多人吃上了正常的饭食，无论是口味、种类还是健康，外卖食品都能与方便面抗衡。

外卖平台对方便面销量的挤压效应，得到了方便面行业大佬的认同。

康师傅运营电商的一位负责人在接受媒体采访时曾说过，康师傅更大的竞争对手不是统一，而是一批外卖平台。

确实如此，对于年轻人来说，叫外卖比煮方便面更方便、营养，选择也更丰富。

除了上面提到的这些原因，还有学者将方便面销量变化与宏观经济走势也联系了起来。

研究人员认为，方便面属于典型的“蓝领”消费品，随着制造业全球转移，中国蓝领数量增速放缓，加上退休人员增多，方便面销量开始下降，这与啤酒销量下滑是同样的道理。

国外经济学者曾针对泰国方便面和泰国经济之间的关联进行过研究。结果发现，在经济衰退最糟糕的阶段，即泰国经济萎缩 4%，方便面的销量同样遭遇了创纪录的跌幅。

不过“面膜”想补充一点的是，随着新一代年轻人成为消费主力军，没有“挨过饿”的他们，有强烈的个性化消费需求。而以方便面为代表的快消品，却没有给这些人年轻人准备太多的选择。

所以我们看到，现代网络食品的新品牌主打新一代的消费品牌不断涌现，他们不走传统的销售渠道，而是依托互联网的线上渠道和品牌营销快速崛起。

随着我国人口红利结束，消费者的需求也越来越小众，越来越个性化。只有能够把握这些变化的企业，才能在存量竞争中活下来。

但是，进入 2014 年以来，随着轻奢消费的崛起，私人订制也逐渐兴起，俨然消费升级成了共识。康师傅方便面所属母公司康师傅控股在 2018 年 8 月重新回归千亿市值的巨无霸公司，但是消费却悄然发生了分级。很多居民依然在资产和消费之间挣扎与权衡。

2008 年以来，我们居民每年的收入增长比率稳定在 10%左右；而 2014 年以来，每年的房贷支出却以 20%的速度增长，两者相差了一倍。尤其是 2016 年以来，高房价向三、四、五线城市蔓延，本着“再苦也不能苦了房子”的原则，不断压缩消费支出。2016 年房地产主导了几乎所有大小城市的经济。巧合的是，康师傅的股价 2016 年 6 月也达到了历史最低点 6 港元每股，拐点再度相逢。

【单身经济】 看起来弱小可怜又无助，其实很强大

都说窈窕淑女、君子好逑。可是令“面膜”不解的是，身边那些动辄在游戏中一掷千金、家境优渥的朋友，居然都“单剩”，一直没有找到合适的另一半。虽然年轻男性全国范围内比女性多，但是局部区域比如魔都上海，大龄剩女其实比大龄剩男多。

规模巨大的单身青年周围，也形成了巨大的消费市场，如消费、理财、投资、文化欣赏等领域，这一现象被经济学家麦卡锡视为“单身经济”。在他刚提出这个概念时，收入不菲、消费金额大的单身女性数量居多，而随着时代的发展，越来越多的单身男性也产生了庞大的市场。

《经济学人》在2001年就提出了“单身女性经济”的概念。“她们是广告业、出版业、娱乐业和媒体业的产品和服务的生产者和消费者。因为独身而且收入不菲，她们是最理想的顾客。与其他阶层相比，她们更有花钱的激情和冲动，只要东西够时髦、够奇趣，她们就会一掷千金。”

造成单身主要有以下几点原因：

第一种原因是经济发展，女权独立自主意识的觉醒。

第二种原因是男女比例不协调。最近一次国家人口普查数据显示，全国劳动力人口的性别中，男性比女性多出大约2300万人。

第三种原因是离婚率快速上升。民政部官方数据显示，2018 年我国结婚登记人数为 1011 万对，离婚登记人数为 380 万对。结婚人数连年下降，离婚人数连年上升，这个趋势已经持续了多年。

所以，单身经济群体不可小觑。在此之前我国也曾出现过单身潮流。第一次是在 20 世纪 50 年代，首部《婚姻法》带来了全国的离婚潮；20 世纪 70 年代末，知青为了返城纷纷离婚，引发了第二次单身潮的出现；20 世纪 90 年代以来，改革开放引发传统家庭观念的转变，第三次单身浪潮来临；如今第四次单身潮方兴未艾。

这些单身人士中不乏白领、中产人群甚至是金领群体，他们有着前卫的消费观念和较强的消费能力，相比已婚人士，他们的负担和家庭约束相对较少，储蓄倾向更低，而且随着社会向高负荷、快节奏的特征演进，更多的适婚男女不约而同地选择单身，从而在他们的周围形成了巨大的单身经济效应。

因此，单身经济产生的巨大潜力市场，被精明的商家看在眼里。他们充分挖掘单身人士的爱好、脾性，精准化营销，相对已婚男士，单身男士更喜欢酒吧、KTV、约会相亲等活动，因此不少商家推出“一人吃火锅优惠打折”“一人观影位”等有针对性的娱乐活动，这丰富了单身人士工作之余的生活。这些年来，单人火锅大行其道的一个重要原因，就是这类群体思想和消费能力的双重崛起导致的。

然而，单身的状态并不能完全满足单身青年对于身心健康发展的各方面要求，他们也往往承担着将要结婚生子、买房养家的压力，因此，选择单身一定程度上也被视为特定阶段下的无奈之举，因此社会学家呼吁，大家应用宽容的态度去接纳、理解他们，甚至引导他们选择更健康的生活方式。

“单身汪”之所以成为商家的重点关注对象是因为他们需要关怀。他们有感情、有情趣、有智商、有学历、有财富，但是没有对象，很孤独，是另一类“装在套子里”的人。商家便抓住了单身者的这种心理，从衣食住行和娱乐层面去抓住单身者渴望得到关怀，亦或是精神需要共鸣的心理来掘金。

值得注意的是，单身人士间的收入差距也较大，除了上述的高收入人士外，还有更多的工厂上班打工仔、刚上班的大学生、餐饮业工作的年轻人等，这些人往往收入较低，但也存在着没有计划地盲目冲动消费、无节制地花钱，如买价格不菲最新款的苹果手机及 NIKE 限量版鞋的行为，这时候工资已经满足不了他们的需求，导致他们往往会选择一些消费金融公司推出来的借钱产品。

曾有单身男青年为了购买游戏装备，在 BAT 和小米等主流消费金融平台去借贷，在三年时间内借款不到 4 万元，但是三年后连本带息需要偿还将近 9 万元，最后依靠家里人的帮助才得以还清。此类消费贷产品往往只提示日利息，乍看起来较低，但深入计算下来，这类产品年利息往往达到 30% 以上，甚至翻倍等，这对于知识缺乏、阅历不深、收入较低，又酷爱消费的单身人士来讲，无疑是个不断需要填上的窟窿，随之带来的后果也会给他们后续的择业、消费等形成干扰。在这里，“面膜”要提示这类群体，谨慎消费，健康生活。

不过从环保角度来说，单身经济其实并不经济，很浪费资源，因为所有的生活设施都不能家庭共用，需要单独置办一套。

【柠檬市场理论】 为什么一般本科毕业生不太好找工作了?

每年的毕业季,许多毕业生都踏上了人生的第一次求职之路,但与逍遥的象牙塔生活不同,社会生活总是伴随着残酷和无常。不得不承认的是,求职时一定程度的学历歧视,正是给初入社会大学生们的第一盆冷水,也成为了横在绝大多数学子心头的巨石。他们兴致昂扬地参加秋招、春招,但却败兴而归,甚至还要承受无端的压力,自己的简历有可能还会被丢进垃圾桶中。

现如今的企业都希望找到高学历或者名牌大学的优秀人才,但是对人才的标准却往往是溢出的。一项数据显示,一个只要高中学历就能胜任的工作,却有 37%的企业会要求大学学历;而一个需要本科学历就能够胜任的工作,却也有 27%的企业会要求硕士生。对学历的偏好正在演变为不必要的门槛。这是求职时一项难以打破的桎梏。

按照法律规定,当用人单位将民族、种族、性别、宗教等先天因素作为招聘的限制条件时,才算就业歧视。但求职中看不见的学校鄙视链,绝对是公开的秘密,同为本科生,地位却大不相同。2019 年上半年八部委联合发文,候选人在求职时,企业不能过分关注女性的婚育情况。

但企业要求高学历、高门槛的背后,其实也有着其自身的实际考量。这就是柠檬市场理论。

柠檬市场也称次品市场，是指信息不对称的市场，即在市场中，产品的卖方对产品的质量拥有比买方更多的信息。在这样的情况下，往往好的商品遭受淘汰，而劣等品会逐渐占领市场，从而取代好的商品，导致市场中都是劣等品。在极端情况下，市场会止步萎缩和不存在，这就是信息经济学中的逆向选择。

在面对同一个岗位的求职者时，用人单位实际上无法马上对一个人的长期发展的可能性进行判断，在缺少求职者更多的信息的情况下，招聘者也无法将希望赌在那些看不见的可能性上，因此学历成了求职者潜力最直观的体现，一个能够通过刻苦努力而博取高分的人，要么有天分，要么勤奋。说白了，用人单位也是因为不知道你到底行不行，为了降低风险，当然就会选高学历、名牌大学出身的了。

这种考量在经济学上被称为"统计性歧视"，由于信息的不完全，以及获取信息需要支付高额成本，企业在劳动力市场上雇用时，往往将求职者的群体特征推断为个体特征，从而使这类求职者遭受统计性歧视，这也正是柠檬市场的重要体现。企业从高学历或者名牌大学群体中，寻到优质人才的可能性更大。

劣币驱逐良币同样是柠檬市场的另一个重要应用，也是经济学中的一个著名定律。该定律是历史现象的归纳。在铸币时代，当那些低于法定重量或者成色的铸币被称为劣币，劣币进入流通领域之后，人们就倾向于将那些足值货币，也就是良币收藏起来，一方面可以保值，另一方面自己的价值支出会低于实际价值，所以能赚取更多差价。最后，大家都只用劣币了，良币因此而被驱逐。在古时候，一部分日本人把中国的金、银、铜海运到国内，然后制成劣币，尤其是铜钱，再在中国市场上流通，攫取高额利润。

其实这都是人们最原始的心理在作祟，一方面是规避风险，另一方面则是贪小便宜。在信息不对称的市场上，因为不知道是否是变量，也不了解这个商品的实际情况，所以买家就会出于保险，买最低价的，这样即使亏了也亏得少，这样就倒逼高价卖家不得不为了迎合低价商品而降低商品价格，久而久之，就变成了价格战。实际上，便宜的东西只有你买的那一刻是开心的，在后续漫长的使用过程中，或许没有一天是开心的。

【免费经济】 不要钱的买卖能干吗?

一般，网络小说、音频和视频的开头一段是免费的，要是觉得好，还想看，后面的内容是要收费的。网剧也一样，通常会让你先试看个一两集，吊住观众的胃口，然后再提醒你需要充值升级为 VIP 才能解锁后续剧情。这种在免费服务上赔钱，在付费服务上赚钱的营销模式，既带来了额外的规模效益和广告收入，又创造了额外的销售收入，可谓一举两得。

当今社会，免费现象屡见不鲜。但是现有的营销学、经济学理论全都是有关收费的理论。按照这些理论，免费策略是违反常识的商业行为。

但是，免费并不意味着无利可图，而是圈进客户的一种常规的互联网手段，尤其在当前获客成本高昂的情况下。免费，它只是一种招揽顾客的营销手段。从产品到利润，免费策略走了一条曲径通幽的道路。当然，其根本问题还是如何盈利，只有创造了价值，这种营销手段才是可行的。一般来说，商家可以通过两种免费手段实现盈利：一是部分免费、部分收费；二是通过资源整合创造新的价值，然后再用新创造的价值进行盈利。

据说在美国有一家冲浪烧烤酒吧，门前有一条河，而河上有一座吊桥，位置不太好。当有船只经过的时候，吊桥会升起 5 到 7 分钟，酒吧和顾客就被一条河隔开了。这对于酒吧来说肯定是不利的，但是酒吧的老板却推出了一个新玩法，“吊桥升起时，酒吧啤酒只卖25美分”，这完全是一个偶然事件，谁也不知道什么时候会有船过来。于是，顾客不仅没有离去，反而聚在一起等待这个偶然的优惠机会，结果酒吧的生意越来越好。免费背后的本质依然是为了赚钱。

免费经济的商业模式有许多，吉列剃须刀这种免费＋收费的模式就是其中之一。免费赠送刮胡刀，但是配套的刀片需要付费购买，专业一点的术语叫直接交叉补贴；像报纸、新媒体这种靠内容吸引受众、受众吸引广告的商业模式，盈利主要还是靠广告、知识付费以及销售商品；像网络小说则是靠付费人群给免费人群提供补贴来赚钱的。

再来分析一下免费经济出现的原因，从大环境来看，在协同共享的催化下，今后，边际成本高的商品与服务仍将继续存在，但只能倚仗其高度专业化的商品和服务存活在经济体的边缘，而且用户群还会不断流失。当免费成为商家惯用的手段，或许也预示着思想和精神富足时代的到来。

从心理学的角度来说，人类本能地惧怕损失，但是经济的本质是交换，有付出才有回报。然而，免费让人们忘记了付出的那一面，一步步走进商家预设好的陷阱。

俗话说，天下没有免费的午餐。所谓的免费只不过是另一种形式的收费罢了。这种将免费商品的成本转移到其他商品或后续服务上，由付费用户平摊成本的营销手段，其有效性还有待考察。

就拿共享单车来说，尽管基于协同共享的理念，也达不到完全免费的境界，停留在讲故事的阶段，套现、破产，负面新闻不绝于耳。免费经济扩展的前提是，行业或者企业竞争有壁垒，能留住客户，否则免费经济则成为慈善。

当免费成为标配，付费生意反而有市场。二者相辅相成。

【安慰剂效应】 保健品真的只要 998 元吗?

“阿姨,你看我们这个冬虫夏草哦,采用西藏灵芝熬制而成,里面还包含了东北长白山的人参,新疆天山的雪莲,宁夏正宗的中华枸杞,然后用的是美国的合成技术,欧洲的生产线,日本的环保材料,还专门请五台山的高僧前来开过光,吃了之后延年益寿,腰不酸,腿不痛,一口气上五楼,连跳广场舞都格外有精神,保证你成为广场上最闪耀的明星。现在我们在搞活动,原价 998 元,现在都不收你的啦,一身健康带回家,阿姨要来几盒?”

每当“面膜”路过繁华的街口,耳畔总是传来推销的声音,大多数推销者口吐莲花、夸夸其谈,将自家产品的功效描述得神乎其神。“面膜”的一个大姨就特别信这种,家里堆满了路边买来的保健品,早上喝一杯,中午吃两片,晚上再电疗一下,吃嘛嘛香。“面膜”一直觉得大姨是浪费钱,可大姨的儿子明明是学医的,也不劝劝大姨,“面膜”问了问大姨的儿子,这些保健品真的有效吗?大姨的儿子说,这些药他看过,虽然不能治病,但对身体其他功能还是有一些帮助的,可以起到安慰剂效应,让大姨过得开心一些,也就不那么容易生病了。

那么到底什么是安慰剂效应呢?就让我们来聊一聊这个话题吧。

有很多健身达人都说过这样一句话,其实去健身房跑步,和平时在自己家楼下跑步没什么区别，但是去了健身房，就感觉自己真的有了健身效果。虽然健身房里会有更科学的健身器材，但是健身最重要的是持之以恒，所以也有人说，之所以会觉得去健身房才有效果，是因为自己花了钱健身，如果不办健身卡，可能一个月也不会主动去跑步。但是办了健身卡，就会想着不能浪费健身卡里的钱，于是健身就变得勤快了，自然就会有效果。这就是安慰剂效应的体现，很多人都会有这样的自我暗示：我花了钱，就应该会有效果，所以就拼命在自己身上寻找那些效果的踪迹，但凡是有一丝丝变好的迹象，都会将它归功于自己花掉的这笔钱上。

其实，现代医学研究表明，科学、充足的睡眠对于身体健康，要好于健身房锻炼。一些工作压力之下的年轻人，睡眠质量不高，但是通过健身则可以获得心灵安慰。

有很多商品正是依靠这种对效果的期待进行营销，例如一些补脑的饮料，让许多望子成龙的家长趋之若鹜。一些所谓的减肥药，并不能真的有效控制你的脂肪，可能只是让你的新陈代谢变得更健康，从而气色变好，让你有了减肥成功的错觉。

这些安慰剂效应就让商品形成了商品溢价，品牌越响亮，溢价就会越高，仿佛星巴克的咖啡就比其他咖啡高级，香奈儿香水就比其他香水更香一样。可以说，商品的溢价价格，就是安慰剂效应的价格。

【网红商演】 揭秘网红赚钱“新套路”

曾几何时，网络主播真的是忒有“钱途”的职业，不仅在线上疯狂吸金，临近年底，各种线下商演也是接到手软。

一份“2018 年会艺人商演报价单”在网上传得沸沸扬扬，报价单上各大主播的收入让人大吃一惊，有的“一哥”商演价格高达 35 万元，有的“一姐”要价 40 万元。

要知道，这个价格都可以请到很多大牌明星了。

看来，这些网红的收入一点都不比明星差，一线主播的风头甚至有盖过明星的势头。

那么，这些网红到底有什么底气，收费居然敢这么高？本节“面膜”就来聊一聊网红们赚钱的逻辑。

商业演出，是指以营利为目的，通过售票或者包场支付演出单位或者个人报酬，以演出为媒介进行广告宣传或者产品促销的有赞助或者捐助举办的演出活动。说白了，就是明星或者网红借助自己的名人效应，给花钱的单位或者个人做品牌背书。一般来说，商业演出的主体主要有明星艺人、网红主播，还有相声二人转演员，甚至女优等。

近两年来，网络主播迅速崛起，商业演出已经逐渐成为网红主播除开淘宝店、网友刷礼物等常规赚钱渠道外的又一个重要收入来源。而除了公司开年会，商业演出的消费者还包括举办活动的商家和三四线小城的群众。据某唱歌主播透露，商演消费者多是房地产商、地方企业等，演出类型一般都是拼盘演唱会或是公司年会、招商会演出。

不同的商演需求，对商演主体要求也不同。比如高端场所，一般都邀请一线明星；二、三线城市则是过气歌手的地盘；夜场酒吧多为网络歌手。但随着网红的崛起，这种商演等级链，有被打破的迹象。

据业内人士透露，普通网红出席商业活动或是参演影视剧，拿到的收入与三线明星相当，每次出场费10万元左右。一线网红则在20万～100万元不等。据网红主播出场费报价表显示，某当红主播每日的代言费高达百万元，月代言费300万元，就连发条微博也要10万元，报价高得让人眼红。

报价表中还注明了主播参加线下活动的衣食住行的标准，其中很多网红只住五星级酒店并附加每天800元餐标。其余主播的要求也是不低于四星级酒店加400元餐标的配置。这个待遇标准完全可与当红明星媲美。一定程度上，一个主播的收入顶得上一家中型公司的收入。

此前，2017年，陌陌主播大壮的歌曲《我们不一样》传唱至街头巷尾，成为KTV的热门必点曲目，大壮也因此变得炙手可热，商演也成为大壮很重要的收入来源，商演日程亦是满满当当。

"面膜"感叹，这样的网红不就是明星吗？

是的，业内人士普遍认为，主播明星化趋势是市场的必然需求。主播们在很多专业技能和个人素质方面都已接近明星，但是论综合素质还和成熟明星有一定的距离，需要进一步拓展和自我提高。

互联网创造了草根变富翁的时代神话，而这背后其实是互联网时代流量经济的真实展现。可以说，网民关注点在哪里，粉丝在哪里，流量在哪里，商业价值就在哪里。

流量是最上游的资源。"酒香不怕巷子深"已经退出历史舞台。

【29岁现象】 脱发的90后也端起了保温杯

90后也会脱发？该话题在网上一下子火了。

据说，在2018年的双十一购物狂欢中，除了避孕套等日常生活用品外，还发现生发液和保温杯已经成为90后年轻一代的新宠了。

网友们调侃“第一批90后已经秃了”。

曾几何时，油腻难道不是中年大叔的标配吗？“面膜”疑惑。

可如今已经蔓延到了90后身上。

为什么90后们“昨天”还是祖国的花朵、儿童节的宝宝，今天一下就遭遇中年危机了呢？

这和我们今天要聊到的一个叫“29岁现象”有关。

29岁现象，是指年龄将到30岁，却发现尚未成家立业，相较于周围的成功者，很多年轻人心态失衡、焦虑，一改过去勤恳、踏实的本色，情绪波动变大。

对亲友不耐烦；工作浮躁，急功近利；看书学习注意力不集中，对外界事物兴趣忽高忽低……。这就是29岁现象。

根据公开数据，中国90后人群在2亿左右，约占全国总人口的15%。如今他们都已经走上社会，进入工作岗位。

在经过了短暂的兴奋期后，90后们在工作上开始遇到了瓶颈，热情慢慢地被工作消耗，升职空间渺茫，薪水也很难大幅度上涨，房价高企购房无望，于是开始对未来感到迷茫和惶恐，不知道该怎么办。

除了工作压力外，90后们基本上都到了适婚年龄，找对象也成为他们烦恼的又一件事情。

一方面是当前年轻男女比例严重失衡，有专家预计到2020年，中国将有3000万～4000万的光棍，这意味着平均5个男性中就有一个找不到媳妇，与此前国家统计局公布的人口结构数据吻合。

另一方面是结婚成本太高，没有房子、车子，丈母娘这关根本过不去。据网络民调显示，目前，一线城市结婚购房成本平均要207万元。这对在一线城市打拼的年轻人来说，意味着二三十年的工资收入。

正是因为工作和结婚这两座大山，让90后们“压力山大”。似乎每一根脱落的头发，都印着“压力”两个字。

29岁现象意味着压力、焦虑，还有脱发。

2017年9月，阿里健康在《拯救脱发趣味白皮书》中提到：购买植发、护发产品的消费者中，90后以36.1%的占比，即将赶超38.5%占比的80后，成为拥有脱发烦恼的主力军。

数据显示，中国脱发群体年龄正在下降，90后脱发人群即将超越主流人群。这其中，广东、浙江、江苏成为购买脱发产品的前三位省份。

看来，90后真的加入了脱发大军。在不少90后身上，已经开始出现各种中年人才会出现的变化：发际线后移；头发日渐稀少，看着手中一簇簇头发，瞬间就会产生一种快要秃顶的错觉。可是你横向对比就会发现，同样是压力大，但是年龄很大的BAT巨头老板们，却无一人脱发。

脱发危机说明90后正背负着各种压力，工作压力、找对象压力以及无法排解的孤独感……，这些都在透支着他们的健康。

曾经的90后，喝着最冰的冷饮，吃着最辣的火锅，不屑地看着爸爸、妈妈转发的朋友圈养生文，然而现在的他们也悄悄买起了保温杯，泡起了枸杞茶。

适度的压力对年轻人来说是好事，不过超过一定限度就可能引发一系列问题。专家认为，29岁现象主要受到传统社会中“三十而立”的影响，因为古代人的生命周期相比现代人而言非常短，因此这样的说法并不适用于现代社会，应当与时俱进，30到40岁都是黄金年龄，所以，90后们不必过度焦虑，这只是成长的烦恼。

【颜值经济学】 看看你的颜值能值多少钱?

为博红颜一笑,哪怕受再大的罪也不怕。

近日,网上一则新闻说,一位17岁少年因为迷恋网络女主播,偷走同学的3.3万元给她刷礼物。这位少年说,自己打工收入微薄,自己平时省吃俭用,大部分钱都给主播刷礼物了,但和其他刷礼物的人相比,自己还是小巫见大巫,所以才萌生了偷钱的想法。目前,这位少年已被采取刑事强制措施,案件正在进一步处理中。

不得不说,我们已经进入了一个看脸的时代,颜值不仅赏心悦目,其实它还是赚钱的利器。

所谓颜值,指的是一个人的长相、体形、性特征、皮肤、音质等身体禀赋的组合所带来的吸引力。著名劳动力经济学家丹尼尔·荷马仕从事颜值研究20多年,最终他得出结论:“颜值和终生劳动力总收入表现出比较强的正相关性”。丹尼尔的研究显示,剔除其他变量干扰,颜值低的男性时薪要比全国平均水平低9%;相反,32%颜值较高的男员工,他们的时薪要比全国平均水平高出5%。

据一份数据统计报告显示,放到一生来看,高颜值和低颜值人之间的收入差距达到150万元人民币之多。同理,对于女员工而言也是如此,只是数据上有所差异。数据统计显示,85 后最“臭美”。

互联网时代有三拼:颜值、人品、情怀。如果将三者按重要性排序,颜值是当之无愧的第一,最起码在初次见面的时候是这样。没错,在现代社会里,拥有一副靓丽的外表无疑可以占据很大优势。有学者更明确地指出,相貌上的优势会提升个体的自我认同感,这会使得他更容易拿到高薪水。也就是说,颜值高的人一般都比较自信,而自信让他们更积极主动地寻求机会,在竞争中发挥出更高的能力,因此薪水才容易更高。看来,颜值高的好处还真不少啊。那为什么人们一般会喜欢颜值高的人呢?

这个还得从生命的起源说起。话说 5.3 亿年前的寒武纪时代,正是物种大爆发的时候,那时候的各类物种已经知道用颜值找到自己心仪的异性。比如,寒武纪时期的代表生物三叶虫,它们的全身长着长刺,这些长刺不仅可以用来游泳,还是抵御天敌的有效武器。因此,三叶虫在选择配偶时,这些长刺就是重要的标准,而长着一身坚硬、有力的长刺,就是三叶虫里的帅哥、美女。

低等生物尚且如此,作为高等智慧生命的人类对颜值的热爱就更加疯狂了,从古到今,从来都是看脸的社会。因为美女丢掉江山的皇帝大有人在,比如商朝的纣王、西周的幽王、西楚霸王项羽等。“恸哭六军俱缟素,冲冠一怒为红颜”“一骑红尘妃子笑,无人知是荔枝来”,都是描写古人痴迷颜值的经典诗句。有时候,绝色佳人往往是一个国家兴衰转变的导火索,比如特洛伊之战就是一场因为美女引发的战争。

实验证明,即使是喝奶的新生儿,也会在成人世界公认漂亮的脸蛋上驻留更久的目光。看来,颜值就是生产力,颜值就是号召力啊。你看,现在许多国家的领导人都越来越年轻化,颜值也越来越高。

比如,法国总统马克龙,不仅年轻有型,更是颜值担当,俘获了无数法国女选民的心!再比如奥地利政界的“神奇小子”——库尔茨更是当仁不让,成为欧洲最年轻的总理。选举伊始,这位面容俊俏、英姿飒爽的 31 岁“小鲜肉”,人气就“爆棚”,所到之处,都能听到成千上万年轻粉丝的尖叫声。

欧洲爱美,北美洲也不甘示弱。飘逸的卷发,深邃的眼眸,举手投足间透着绅士的优雅,1 米 88 的身高,打过拳击,演过电视,像皇室王子一样耀眼，这名男子就是加拿大总理贾斯廷·特鲁多。他是加拿大历史上最年轻、最帅的总理，他被称为“全宇宙最帅的男人”和“最性感的国家领导人”。

古往今来，颜值经济都至关重要。我国古代，颜值经济学就非常流行。古代孔子学派著作《大学》有云：“所谓诚其意者，毋自欺也。”“如恶恶臭，如好好色，此之谓自谦。”“故君子必慎其独也。”“爱美之心，人皆有之。”“窈窕淑女，君子好逑。”

在我国古代，帅哥也是很受社会集体点赞和欢迎的，比如从“修八尺有余，而形貌昳丽”到“为人洁白皙，鬑鬑颇有须”。那个时候的婚姻都是父母之命，媒妁之言。双方相亲，男方到女方家，女方在卷帘后面偷窥前来相亲的男方，如果女方满意定会说：“女儿婚姻之事，全凭父母做主！”如果女方不满意男方容貌则定会说：“女儿还想多伺候爹娘几年！”

同样，女方如果中意男方，女方一般会跟男方说：“小女子愿意以身相许！”反之如果女方看不上男方便会说：“小女子愿意来世做牛做马服侍公子。”

第3章

怪诞金融学

太空经济

【帕雷托最优】 你好我好才是大家好

先富带动后富，问题是，先富带动后富需要时间，要看具体情形。不过社会整体发展了，后富也不至于比之前更穷。这种一部分人的境况变得更好，而另一部分人的境况也没变得更差的现象，称为“帕累托改进”，或者叫“帕累托改革”。我们通常说的“正和博弈”也是帕累托改进的一种。另外一个名词“帕累托最优”也叫“帕累托有效”，指的是已经无法进一步实施帕累托改进的情况下，一个人得益，另一个人必然受损，我们通常说的“零和博弈”也是帕累托最优的一种。几万年的人类历史生存法则“不是你死，就是我亡”，这便是帕累托最优；核武器出现以后，就变成了“要死大家一起死”，这既不是帕累托改进，也不是帕累托最优，而是“负和博弈”。

“面膜”曾在朋友圈看过一篇文章，叫现代人都倾向于门当户对，不太乐意和比自己穷的人谈恋爱，原因就是所谓的古话“贫贱夫妻百事哀”。这引发了“面膜”的思考，婚姻中，门当户对真的重要吗？从网友们的评论来看，大部分人还是认同好的婚姻应该是门当户对的，包括资产、学历、经历甚至性格双方匹配会更好。而门当户对背后包含的经济学道理就是我们今天要谈的帕累托最优理论。

帕累托最优，也称为帕累托效率。

意大利古典经济学家帕累托发现，当任何一个人在不损害他人福利的前提下，进一步改善自己的福利时，群体的资源配置达到了最优，通常称之为“帕累托最优”。

也就是说，在不使其他人处境变坏的情况下，也不可能再使另一部分人的处境变好。

是不是有点拗口？“面膜”举个例子你就明白了。

情景1：假设现在有两个人，A和B，分10块蛋糕，并且两个人都喜欢吃蛋糕。

10块蛋糕不管怎么分，结果都是帕累托最优，因为无论是A或者是B，都想得到更多的蛋糕，都会导致对方的蛋糕数量减少。

情景2：假设现在还是A和B，一起分10块蛋糕和10个包子。

A喜欢吃蛋糕，讨厌吃包子；B喜欢吃包子，讨厌吃蛋糕。

这种情形下，帕累托最优应当是：把10块蛋糕全部给A，把10个包子全部给B。

因为如果A有8块蛋糕、2个包子，B有8个包子、2块蛋糕。

这个时候，如果A用2个包子换B的2块蛋糕，A和B都会比原来更开心。

帕累托最优是一种完美的均衡状态。如果这个时候一方还想要获得更多的利益，就只能以牺牲另外一方的利益为代价，打破已经存在的平衡。

世间的万事万物可以说都有着完美的帕累托最优平衡状态，比如，供求会平衡、价格涨跌会平衡、勒沙特列平衡、心情好坏会平衡、社会发展速度会平衡。

但大趋势上的平衡，并不意味着时时处处都平衡。不平衡的时候、严重失衡的时候，就是投资机会。

著名农民投资家F就善于抓住这样的机会。

在F看来，天道的根本在于平衡。这个平衡，就像“帕累托最优”，是一种理想的状态。

用天道的思想来看世界，多年风调雨顺之后必有灾荒，大的灾荒之后必有丰收。

价格暴涨之后必有暴跌，价格不合理大跌之后一定会反弹。

供给过量之后一定会有供给不足的时候，需求过盛之后也必然会有需求不振的时候，比较典型的就是商品期货里面的“猪周期”。

作为投资者，就应该顺应这个天道规律。

婚姻实质也是一种社会关系，而不是单纯的感情关系。既然是社会关系，在某种意义上说，就是社会资源的配置和互换。

因此，如果婚姻里存在帕累托最优，那便是一场门当户对、旗鼓相当的幸福美满婚姻，双方都能从婚姻里获得自己想要的东西，无论是情感需求还是物质满足。

《简·爱》所写的关于婚姻的话，说得非常有道理：“爱是一场博弈，必须保持永远与对方不分伯仲、势均力敌，才能长此以往地相依相息。因为过强的对手让人疲惫，太弱的对手令人厌倦。”经济统计学数据显示，婚姻双方，理论上，男女双方的收入差距不超过高收入一方收入的三分之一，婚姻相对更稳定一些。当然，这只是概率分布，并不代表每个个体。

势均力敌的过程比状态更重要，动态平衡的关系才能走到最后，旗鼓相当的人才值得托付终身、相濡以沫。

这就是帕累托最优的最好阐释。

【摩羯座】 星座财富密码可信吗?

星座是一门很有意思的“玄学”,有人信,有人不信;年轻人信,老年人不信。下面,我们选择跟财富关联最为密切的星座来说一说。

每年的 12 月 22 日到次年的 1 月 19 日,正是摩羯座的人出生的时间。由于冬季昼短夜长,万物勃勃的生机还在冰雪的覆盖下,所以摩羯座人的情感不会很直白,喜怒不显于言表,在处理事务时也是持稳中求进的态度。

摩羯座的名人很多。比如霍华德・休斯(Howard Hughes),出生于美国得克萨斯州休斯敦,是加州理工大学的高才生,全球著名的企业家、投资家、飞行员、电影制片人、导演、演员,还被扒出跟大约 64 位好莱坞大牌女明星传出绯闻,去世后其生前传记被翻拍成《钢铁侠》《飞行家》等多部电影,可谓百年一遇的传奇人物。

摩羯座是性格相对低调的星座,尽管这个星座的人不乏大批量出类拔萃的风云人物。摩羯座的人并不像火象星座那样主动而又充满热情,也不像风象星座的人一样古灵精怪。然而在实际问题处理中,摩羯座的人具有的有条不紊地推进的能力和不断向前的进取心,让他们璀璨夺目。

从好的一面来看,摩羯座的人最大的优势就是脚踏实地、意志力强。他们有着最实际的人生观和超强的毅力,因而意志力极强,不容易受到外界的影响。

摩羯座的人缺点也十分明显,由于过于以结果为导向,他们总是太过现实，因而总是显得固执和不善沟通。其实他们并不仅仅是缺少对他人的关怀与热情，因为即便是对自己，他们也常常会压抑自己的欲望。

不过如果你以为所有摩羯座的人都不善于表现，就明显太过于绝对了。例如在某位看起来不太像摩羯座的富二代身上，如果深刻地剖析一下，还是能够发现其不少摩羯座特有的特征的。很多人对他的认知，仍然停留在其放荡不羁的表面上。大部分人只看到了他的年少轻狂、口无遮拦，但很少有人注意到，他的投资公司早已获得了一系列的投资成果。

在披露的22个项目中，6个已经上市，1家正在借壳，1家实现了并购退出，成功率颇高。其中还不乏独角兽和明星公司。如果他真的整日沉迷于享乐，怎么可能实现这样的成就。

实际上，摩羯座的人并不是不喜欢享乐，只是具备极强的控制自身行为的能力，因而不会寅吃卯粮，不管处境顺利或艰辛，都不会影响他们对长期目标的坚持与前进。

当然，大部分摩羯座的人都需要谨慎地为自己的未来做出长远规划。

一般来说，在青年时期，由于缺乏热情，摩羯座的人不太容易赢得别人的好感，因而年轻的时候容易遇到较多阻力，或者经历挫折，甚至连自己都想强迫自己对别人表现出更多的热情。

不过随着年龄的增长，摩羯座的优势会越来越凸显。其实了解自己、与自己和解是大部分摩羯座必备的功课，当他们意识到自己的优势与局限，就能够扬长避短，将稳定的优势发挥到极致。

所以在事业上，摩羯座的人比较适合从事需要较多逻辑与分析的事务性工作。排除困难、有条不紊地推进事件的发展，是摩羯座的一大特色。

反映到投资中，摩羯座的人属于风险稳健型，既不会进行短线投机，也忌惮波动率较大的期货等金融资产，相比而言，他们生性更热衷于追捕基金定投、价值投资的理念，他们往往以冷静思考、严密推理发挥出自身的投资优势。

其实传统的中庸文化，关于低调有一条很精辟的释义：得意的时候不能嘚瑟，嘚瑟的时候不能让人看见。这便是低调的外在表现形式。

是以摩羯座举一反三，在星座中找寻财富密码，不再引申和赘述。

【养老危机】 过年回家被催婚？这事80后也得操心了

春节回家，除了被各种催婚、催娃外，父母养老可能也是很多80后绕不开的话题。

时间进入2019年，80后一代基本上都已步入中年，而父母一辈也差不多都老了，各种疾病发生的概率越来越大。80后们除了养活自己和老婆孩子，还必须把赡养父母提上日程。80后早期的一代，独生子女比例较高，“银色浪潮”的压力更大。

这几年，我国人口生育率持续走低，年轻人口占比在慢慢下降，而老年人口却在快速增加，这对于当前社会顶梁柱的80后来说，无疑意味着一场“养老危机”的逼近。

自人类诞生以来，养老一直是一个社会性难题。人类尝试了很多养老方法，从养儿防老，到如今领取养老金的社会性养老，但养老问题一直没有完全解决。当一个国家的老年人口越来越多，导致养老保障和养老金支付出现危机，就出现了所谓的养老危机。

按照当前我国的养老金制度，年轻人缴纳的养老金，一部分支付给现在的老年人养老，另一部分则积累起来用于自己以后养老。然而，现在的实际情况是：付给老年人的那部分养老金越来越不够用，需要动用年轻人积累的部分才能填补资金缺口。

如果未来年轻人越来越少，他们提供的资金不足以支撑老年人的养老金，就会出现养老危机。

目前，全球大部分国家都面临老年人越来越多、年轻人越来越少的困难局面。现在，德国、俄罗斯、日本和意大利等国，人口已经是负增长的状态。由于老龄化问题越来越严重，这些国家的养老体系都面临破产的风险。据花旗银行发布的一份报告显示，世界经济合作组织的 20 个成员国，包括英国、法国、德国、美国、日本、加拿大和澳大利亚等，面临的养老金缺口高达 78 万亿美元，几乎相当于全球 GDP 的总和。

反观中国，也正加速进入老龄化社会，而年轻人的负担也将越来越重。2017 年 3 月，人社部领导在一次新闻发布会上说过："截至 2016 年底，我国 60 岁以上人口已达 2.3 亿人，占总人口的 16.7%，据预测，我国老年抚养比将由目前的 2.8∶1达到 2050 年的 1.3∶1。"也就是说，我国现在是 2.8 个人赡养 1 个老人，到了 2050 年，就可能会变为 1.3 个人赡养 1 个老人。

网上流传过一张令人"压力山大"的全家福照片，照片中一家 8 口，父母，外公，爷爷、奶奶，曾祖父、曾祖母，然而只有一个年轻人！可见这个年轻人将面临多大的养老压力。现在，尽管"全面二胎"政策已经在 2015 年开始实施，然而 2017 年的出生人口并没有增加，只有 1723 万人，低迷的数据说明老百姓的生育意愿并不强烈。如果低生育率态势一直持续下去，随着时间的推移，未来我国的人口结构将发生质的变化。到那个时候，很多人可能还不得不面临人性的考验。

到底是该留在大城市继续拼搏，还是应该回到家乡多陪陪父母，让他们有一个温馨的晚年？这是很多年轻人面临的艰难抉择。说到这，"面膜"想起一个令人心酸的段子：

一个在外打工的儿子请 7 天假，回家看望病危的父亲，两三天过去了，父亲仍没死。

儿子问父亲"你到底死不死？我就请了 7 天假，这还是把办丧事的时间都算进来的。"

听了儿子的这番话，老人立即自杀了。儿子赶在一周内办完丧事，回城继续打工。

这虽然只是个段子，不能当真，但却能折射一定的社会现实，让我们不禁为这位父亲感到惋惜。

【区块链】 会不会成为新时代常规的社会基建?

比特币成为近些年的网络热门话题,数据显示,2017 年 4 月至 7 月中旬,比特币的价格从 7500 元一枚一路上涨至逼近 30000 元一枚,不到 4 个月就翻了 4 倍,很多早期投资比特币的投资者都曾是千万富翁。

尽管投资者趋之若鹜,但很多人并不知道比特币到底是什么。

其实,比特币依赖的是一种叫区块链的技术,其本质上就是一个共享的加密的不可操纵的分类账簿,它承诺能够提供加密的转账业务,能够让任何人都得到准确的资金、财产或其他资产账目记录。

简单地说,区块链技术是指一种全民参与记账的方式。所有的系统背后都有一个数据库,你可以把数据库看成是一个大账本。

由于没有中心化的中介机构存在,让所有的东西都通过预先设定的程序自动运行,不仅能够大大降低成本,也能提高效率。而且由于每个人都有相同的账本,所以能确保账本记录过程是公开、透明的。

这里"面膜"举个例子帮助大家理解。

从前,有个村子,村民们还处于使用黄金来交换货物的时代。

由于使用黄金交易太麻烦,而且还不安全,于是村民们想出了一个办法:村民们将各自的金条都放到村委会的金库里,由村长帮大家记账。

如果张三要用 4 根金条换李四的一头牛，村长就得先看看张三是否有 4 根金条，确认有的话，就在账本上把金条转到李四的名下，然后让李四把牛给张三。

这个方法确实比用实物黄金交换方便，但是也存在很大的风险，比如村长记错账了怎么办？村长偷偷把别人家的金条记在了自己家的账上怎么办？

而如果使用区块链技术来记账就不会有这样的问题了：

金条还是先放在村委会那里，村民们的货物交易还是记在账上。

但此时记账的人不是村长了，而是每一个村民都参与进来，这里有一个激励机制，谁第一个把账记好就会获得一笔奖励。

比如，张三要用 4 根金条换李四的牛。

给第一个验证出“张三确实有 4 根金条并且确实把 4 根金条给了李四”的村民授予“矿工”称号，并给予一定的奖赏。

这样，大家就会抢着记账。

结果，老王是第一个将这笔账记在“001”账本页的人，这样老王就可以凭此获得奖励，但他同时还需要通过广播告诉全村人这项交易，然后大家都用“001”的账本页记录这笔交易，放到账本中。

当李六要用 3 根金条换陈七的猪时，大家又开始抢着记账。

结果，又是老王第一个记下了这笔账，老王就又获得了奖励并同时通过广播告诉全村人这项交易，然后大家都用“002”的账本页记录这笔交易，并在上面写上“上一次交易请看 001”，然后连着“001”账本页放到账本中。

整个过程就是悬赏算账，记录交易并广播交易。以此类推，账本上就构成了一条账本链。

根据账本链上的顺序，就可以确定任何一位村民的资产以及交易的情况，就算烧了一本账本也没关系，因为每个人手里都有一本，而且是一模一样的；由于账本和算法是公开广播的、有顺序的，这就杜绝了任何做假、重复交易的问题；同样地，由于是公开算账，所以隔壁村都可以过来交易。

上面的故事，“001”“002”“003”……每个编号即为一个“账本页”，在区块链的概念中即一个“区块”，汇集到一起便形成了一个“账本”，这个实物的账本就是“区块链”。

比特币是区块链技术的具体应用，是由全球计算机网络连接的链表生成的，所以它们也不像传统货币一般具有实物的形态。

区块链在金融领域有较广泛的应用，比如反洗钱。原央行行长周小川曾在2018年一次峰会上称，鼓励以区块链技术为代表的数字货币技术创新，但是有些特点目前不太符合国内金融的创新实情，比如去中心化。

【入口价值】 永辉超市也看上便利店了吗?

在几年之前,便利店不过是零售行业中的一个“小领域”,它们大多偏安于街边的角落,以夫妻店的形式默默经营着。不过从 2016 年起,投资风口却逐渐吹向了便利店。全家、罗森、7-11 等日系便利店大张旗鼓布局新店,在主要商圈的布局密度有了成倍的提高。永辉超市则与腾讯一起入股家乐福,帮助家乐福开设更多便利店成为他们的一个重要目标。

为什么实体商业逐渐衰落的同时,便利店的热度却未受到丝毫影响?永辉超市入股家乐福之后的战略又将走向何方?就让我们从“入口价值”的概念开始讲起吧。

入口价值,是指企业的产品获得展示,成为消费者潜在购买对象的机会。在互联网时代,企业之间的竞争尤为激烈,“得入口者得天下”,说的就是入口价值的重要性。

随着国内企业对线上渠道的重视,如今商品在网上获得展示的机会越来越少,需要付出的成本也越来越高。换句话说,你的商品再好,如果不被消费者发现,经营也很难获得成功。入口就是流量,就是客户。

当线上的推广成本越来越高,很多企业又开始将目光转回到线下,便利店巨大的入口价值也开始显露了出来。目前全国有超过 6 亿的城市小区人口，而便利店天生具有网点密集、贴近社区的特点，与其他实体商业相比，便利店的用户不但消费频率高，而且十分稳定。

最近几年，随着大卖场业绩的下滑，家乐福已经把新的业绩增长点押在了便利店上面。与其他的品牌不同，家乐福便利店的面积有200㎡以上，更像社区超市与便利店的结合。永辉超市在生鲜产品上具备极大的供应链优势，如果能够将永辉的生鲜摆上家乐福便利店的货架，家乐福巨大的入口价值必将得以显现。

除此之外，便利店还是一个通用型的服务入口。虽然当前的主要功能还是为顾客提供便利性的购物，但如果策略得当，就能够通过更多的服务来获得服务溢价。例如在台湾，不仅是饮料、香烟、零食等商品，午餐盒饭、生活缴费等也已经被便利店垄断了，现磨咖啡甚至成为了便利店的最大收入份额。很明显，国内的便利店也有这样的趋势。

日本的罗森借助便利店成为日本的第三大票务代理销售机构，7-11的7-bank，则占据了ATM机的第一大份额，在小额金融服务上做到了日本第一。

其实就算不考虑入口价值，在人均GDP达到10000美元时，便利店将进入高速发展期早已是业内的共识。前几年阿里巴巴高举高打的“新零售”不仅意在赋能传统零售，也是为了获取流量入口的新增渠道，不过进入2019年以后，新零售也不再被提及了。

【混沌理论】 资本市场永远都是按照阻力最小路径来运行

电影《侏罗纪公园》大家一定都看过，影片讲述了人们偶然在蚊子化石中，发现了含有恐龙 DNA 的血样，在好奇心的驱使下，人们利用这些 DNA 复制出了恐龙。

然而，就在人类为复制出恐龙而欣喜若狂的时候，粗暴干预自然却给人类带来了一场前所未有的灾难。

这部影片想要表达的其实就是混沌理论，一个小小的想法可能引发一场大灾难。

当然，如果能掌握混沌理论的精髓，那么实现财务自由这点小事根本不算什么。

国内期货界大佬葛卫东就使用混沌理论，把自己的资产从 100 万做到了 120 亿。

所以，如果你也想成为葛老大这样的交易高手，赶紧看一看本篇“面膜”说——神秘的混沌理论。

混沌理论的缔造者是洛伦兹，他是一位伟大的气象学家，在一次用电脑模拟天气预报时，发现若把某一个参数 0.506127 改成 0.506，会出现两种截然相反的天气预期：一种是晴空万里，另一种则是倾盆大雨。

也就是说，一个微小的运动，经过系统的放大，最终影响会远远超过它本身。比如，一只英国的蝴蝶扇了一下翅膀，中国可能会遭受一场台风。混沌理论的主导思想是，宇宙本身处于一种混沌状态，表面看上去并无关联的一些事件，会对另一部分事件造成不可预测的后果。

西方流传这样一首民谣，“醉了一个农夫，丢了一颗铁钉；丢了一颗铁钉，少了一个马掌；少了一个马掌，跛了一匹战马；跛了一匹战马，摔坏一位将军；死了一位将军，输了一场战争；输了一场战争，亡了一个国家！”

这首民谣可以形象地说明混沌理论的运作原理。中国谚语“差之毫厘，失之千里”说的也是这个道理。

现在，混沌理论在许多学科中得到广泛应用，比如生物学、信息技术、金融市场交易以及人工智能等领域。

从投资交易的角度来看，市场走势也遵循混沌理论。根据葛卫东对混沌理论的理解，资本市场永远都是按照阻力最小路径来运行的。

市场上的价格，上涨或下跌，表面看无迹可寻，但通过一些方法分析，比如高低点逐步抬高的K线，我们可以得出价格继续上涨的可能性更大，也就是说上涨是市场最小阻力的运行方向。

而至于为什么上涨的概率更大，归根结底，是因为其他市场参与者也是依照市场最小阻力的规律来进行交易的。这也可以解释，为什么涨了之后还会涨，新高之后还有新高，其本质上是资产价格运动符合混沌理论的一种表现。

当然，如果你杂念太多，就感受不到哪个方向的阻力最小了。散户为什么赔钱，主要还是不能克服贪婪和恐惧这两大弱点的阻抗，而学习了混沌理论，就可以用强大的理论武器来帮助自己克服这些弱点。

混沌理论对投资的第二个启示是，各种因素导入市场的方式和时间不同，起的作用不同，产生的结果也是千变万化的。即使很小的因素，也可能在系统内和其他因素相互作用后形成巨大的、不可预料的结果，这就是所谓的“蝴蝶效应”。混沌理论教育我们永远不要高估自己，永远对市场要有敬畏之心。

影响市场的因素太多，任何一个微小的因素，都可能导致市场走势的巨大变化。

通过原子弹爆炸产生的蘑菇云，我们可以定义最初的爆炸条件和应用经典的爆炸方程，但最后蘑菇云的形状，是我们无法在初始状态下就定义好的，只能大概做个估计，因为这个爆炸的过程中存在太多变数，这和资本市场价格的变化规律是一个道理。

【婚姻经济学】 当代人的婚姻为何如此不牢靠?

近几年来,有关婚姻的负面新闻不断爆出,从榆林产妇坠楼自杀、程序员相亲被逼自杀,到某经纪人涉嫌职务侵占被抓。这一系列热点事件引发了人们对婚姻的深思,到底什么样的婚姻才是完美和幸福的?这是一个有重要意义的研究课题。

传统上,门当户对和家长制一直是择偶的主要规则,但是随着人们内心逐渐开放,越来越多的年轻人选择自由恋爱结婚。

那么,在不同的婚姻双向选择的模式里,经济利益对婚姻生活的影响到底有多大,结婚该不该重点考虑物质条件?要回答此问题,那我们就该了解一下"婚姻经济学"这一名词了。

婚姻经济学,是指用经济学的方法来看待和分析婚姻行为的一种理论。

这种理论认为,从找对象到结婚的过程就是一个寻找目标市场、考察双方需求、认同商品交换条件直到签订交换契约的过程。1992 年著名的诺贝尔经济学奖得主加里·贝克尔,创立了婚姻经济学的概念。

由此可见,婚姻经济学的研究已经上升到很高的维度并源远流长。

贝克尔认为,一个理性经济人结婚的目的,在于想从婚姻中得到最大化的收益,如果婚姻收益超过了单身收益,那么人们就会选择结婚,否则就宁愿单身。

一般来说,男方对女方的选择较为看重容貌,因为男人自信有能力养活对方,较好的容貌能够给自己带来心理满足。女人则因其先天的生理构造,在社会生产生活中处于弱势,比较重视婚后的物质支撑,所以更看重男方的社会条件和物质条件。

虽然用经济学来分析婚姻显得有些冰冷,但是经过这些理性思考之后,却可以看清许多爱恨纠缠背后的本质问题。

如今,中国单身的人数已近 2 亿人,结婚率持续数年走低,不想结婚的都市人群比例逐年递增,各类单人“小火锅”层出不穷。

生活压力大、结不起婚等因素,是适婚人群选择不结婚的主要理由。

这部分年轻人认为,不结婚尚且可以保持体面的生活,而一旦买房结婚,就不得不背上巨大的生存压力。

因为结婚成本过大而不结婚,真不是危言耸听,之前“面膜”就曾说过:“中国人结婚成本 30 年暴增了数千倍。”在北京、上海、广州、深圳这些一线城市,结婚往往意味着好几百万元的开销。婚房和彩礼是最主要的两项支出。

以上海为例,一套市郊 70 平方米的婚房也要花费 400 万元以上,加上装修、买车、家电、拍婚纱照、度蜜月,对于普通家庭来说,这一切花销几乎意味着“倾家荡产办一场婚礼”。迫于形势,年轻人由传统的成家立业的观念,逐步演进为“立业成家”的观念。

伴随着高成本的婚姻而来的是更高的离婚率。从 2003 年开始,我国离婚率连续 14 年增长,北京、上海、深圳、广州等一线城市则“荣登”中国离婚率前四名。

“上帝目光所及,均可交易”,爱情作为一种社会现象源于经济基础,它的运作也就必然遵循着经济运行的基本规律。哲学告诉我们,其实是物质决定意识。

从这个角度来看,婚姻似乎真的是一场注定亏本的投资:投入成本高,回报率一般,还有可能半路被抛售。

越来越多的人不愿意结婚,很大程度上可能是因为“我们能从婚姻中获取的东西越来越少了”，产出变低了，风险反而激增。

年轻人宁愿单身的态度，已经引发了全球各国政府的担忧。2018 年年初韩国政府为了提高韩国的生育率推出了税改方案，对未婚职场人士征收“单身税”。而日本也在研究相应的政策。在古希腊和古罗马，就有向超过结婚适龄期的“老男孩们”征收特别税款的先例。

“面膜”觉得，对于现在的适婚年轻人来说，婚姻真的是一个稍显沉重的话题，甚至变成了新时代隐私中的一种。很多时候结婚就意味着往爱情中掺杂责任、金钱、家庭关系等多重杂质，同时还失去了自己独立的空间。

钱钟书先生曾经把婚姻比喻成围城，城内的人想出去，城外的人想进来，而如今，已然出现了第三种状态：许多人不再想进入婚姻这座围城，而是选择一直待在城外。

【鸟笼效应】 拒绝“剁手”VS钱包保卫战

生活中，你有没有遇到这样的情况：去商场买一件外衣，外衣买好后，售货员小姑娘又给你推荐了一件衬衫，说和这件外衣很搭配。

于是，你试了一下，发现果然很搭，所以你又买了一件衬衫。

走出商店后，你想起来，还得买一双鞋子和一条裤子，这样穿起来才会好看。

后来你又想起来，还得换一根好一点的皮带，哎呀，袜子也一起买了吧，还有内裤呢……

这样，原本只想买一件外衣，最后却把全身换了个遍。

这到底是为什么呢？其实，这和“鸟笼效应”息息相关。

鸟笼效应是一个很有趣的规律，它说的是：如果一个人买了一个空的鸟笼放在自己家的客厅里，过了一段时间，他一般要么丢掉这个鸟笼，要么就会买一只鸟回来养。

这是因为：即使这个主人长期对着空鸟笼并不别扭，但每次来访的客人都会很惊讶地问他这个空鸟笼是怎么回事，或者把怪异的目光投向空鸟笼。

最终，他为了不再每次都解释，不得不丢掉鸟笼或者买只鸟回来。

鸟笼效应是一个著名的心理现象，是近代杰出的心理学家詹姆斯提出的。

鸟笼效应告诉我们：如果人们偶然获得一件原本不需要的物品，就会自觉或者不自觉地继续添加更多自己不一定需要的东西。这就是奇妙的鸟笼效应。

鸟笼效应和我们的生活息息相关、俯拾皆是。

比如一个人的书架里摆满了书，但是这些书主人几乎都没翻过，只是为了不让书架空着；快递公司为了解决最后一公里问题，推出小区自取丰巢柜，然后又有人推出丰巢柜还能用手机 App 操作的功能，不仅没有解决最后一公里的用户体验，反而可能会让用户觉得累赘；乘地铁进站刷公交卡也很便捷，但一定要跟手机二维码结合在一起，其实只是把射频技术刻意改造成网络扫码，并没有体现出改进后的先进性。这种两者之间并没有必然的因果关系仅依靠思维惯性的现象也是鸟笼效应的一种。

我国古代有一个关于鸟笼效应放大人性贪欲的典故。

这就是《韩非子·喻老》里的“纣为象箸”。其大意是说，商纣王让人为自己做了一双象牙筷子，他的叔父箕子听说后感到十分担心：

因为纣王用象牙筷子吃饭，肯定不会再用粗碗具，肯定会想到用犀牛角做杯子和盘子、想吃山珍海味，进而穿绫罗绸缎、建殿宇楼台，这样下去将一发不可收拾。

结果，正如箕子所料，不过 5 年时间，纣王开酒池肉林，设炮烙之刑，荒淫无度，为所欲为，最终遭到周武王讨伐，丢了江山，也丢了性命。

鸟笼效应对我们日常生活的影响可以从两方面来看，一方面是消费，另一方面是投资。

从消费的角度来看，无论是为了一个笼子买一只鸟，还是为了一套衣服再去买合适的外套、鞋子来搭配，我们都在不经意间花出去了更多的钱。而这些花费，可能原本不在我们的计划之中。

也就是说，花出去的钱可能会超出我们的预算。如果不加以节制，你的钱袋子就会越来越瘪。

由此可见，一种顺杆爬行为、一种思维惯性、一种从众心理、一种装在“套子里的”，都是广义上的鸟笼效应。

比如说，当你看到鸟笼，就认为里面应该有鸟，这就是一种惯性思维。而过于迎合别人去增加额外消费，就是从众心理。

有些人在做投资的时候，喜欢听小道消息，或者根据炒股专家的观点来进行买卖，在欲望的驱使下，这些人就会对自己的判断产生怀疑，甚至马上采取别人的建议，盲目从众，跟风投资。

但市场千变万化，小道消息不可信，别人的建议也不一定靠谱。

所以，今天学习了鸟笼效应后，"面粉"朋友们一定要学会独立思考，避免盲目从众，同时还要克制自己的欲望，不要被商家蛊惑，不要动不动就买、买、买，这样你的钱袋子才不会越来越瘪。提倡大家适度消费。

【超级物种】 永辉超市逆势扩张的秘诀

当“双十一”与“双十二”成为专有名词，人们逐渐发现过去的十年，是电商行业的黄金十年。与之相伴的，则是传统零售商业的没落。这一点，通过最近两年外资零售巨头面临的窘境就能体现出来。

例如沃尔玛，继2016年关了13家门店之后，2017年上半年又关掉了17家门店；家乐福的关店潮也开始从沿海向内陆城市蔓延。除此之外，易买得和迪亚天天也纷纷撤出中国市场。甚至在2019年4月全球电商巨擘亚马逊要退出中国电商业务的消息也甚嚣尘上。

然而2001年才成立的永辉超市，却似乎并未受到行业环境恶化的影响。其在2010年上市之后，更是在全国范围内迅速扩张。特别是2017年初，永辉提出的“超级物种”模式更是让沉寂已久的传统商超再次得到关注，其自身股价也创下了上市以来的新高。

那么到底什么是超级物种，永辉的成长空间又有多高？下面我们就来一起研究一下。

超级物种，是永辉超市提出的一种线上＋线下＋餐饮的新运营模式，与传统超市仅聚焦于商品的流通渠道不同，永辉的门店更加注重卖场与餐饮的结合，并在附近区域提供线上配送服务。说白了，就是常规商业业态的重新排列组合形成的商机，这如同电子商务，网络支付、物流和零售都不是新鲜事，但是重新排列组合形成的电商就是新的业态。

永辉超市不但想让你去买菜，还想让你坐下来休息一下，顺便帮你加工好采购的部分生鲜食品，让你酒足饭饱之后，再满足地离开。

在业内人士看来，超级物种在形态上与马云的盒马鲜生颇有异曲同工之处。他们都借鉴了欧美的“餐饮＋生鲜超市”模式，都可以看作是传统超市的升级版。

在某些方面，永辉甚至比盒马鲜生有着更大的优势。

首先，永辉的供应链优势，是其成功的关键因素之一。与大部分超市不同，永辉在全国建立了20个农业种植合作基地，生鲜直采比例高达76%，其生产的自有品牌蔬菜通过超市进行销售，不但价格比农贸市场低，毛利还能逐年提升。

其次，超级物种概念的提出，使得永辉不但能对价格敏感客户保持足够的吸引力，也开始吸引更多年轻人的关注。对消费者来说，永辉提供了更多样化的服务，满足了消费升级的需求；对超市来说，不但借此吸引了更多客流，还增加了经营的坪效，起到了一举两得的作用。

2017年永辉的超级物种概念提出之后，有人用“定投”的策略不断申购其股票，在风险稳健的同时，赚得盆满钵满！

特别是在目前实体零售受电商冲击，同时线上成本也越来越高的现状下，超级物种的优势愈发明显。虽然盒马鲜生在线上外卖方面更具优势，但依托传统超市建立的超级物种，无疑能够带来更加完善的线下体验，而且永辉超市物流网点极多。

惯性思维的共识认为，提升用户忠诚度的策略主要依赖高频，比如微信，你时时刻刻离不开；但是永辉超市“超级物种”的业态告诉我们，提高客户的黏性除了高频，还可以是多维。永辉能走多远，本节不做过多空泛的预判、研究和赘述。

【掠夺性定价】 滴滴打车如何“烧出”数百亿美金估值

以前坐在出租车上，若碰上健谈的司机，常常有听了一场经济形势报告会的感觉。而如今，司机师傅的精力则多半集中在自己面前的几部手机上。其装备先进、手机品种多，听着好几部手机不停地发出接单的提示音，面前的司机俨然一位多线工作的职业“黑客”。

造成这种变化的最主要原因，就是“滴滴”和“快的”打车在 2014 年掀起的那场天价补贴大战。

当时滴滴每单补贴 10 元，快的就补贴 11 元；快的补贴加 1 元，滴滴马上再提高。补贴大战进行到白热化时，滴滴甚至采用每单随机补贴 10～20 元的方式，防止对方继续跟进。

粗略的计算，不到一年的时间，滴滴就烧掉了 20 亿元左右人民币。而烧钱的结果，是把这家初创企业在极短的时间内就推升到了 100 亿美元的市值。为何滴滴能做到越烧钱、越有钱？这还要从它的“掠夺性定价”战略开始讲起。

掠夺性定价，是指企业为了把竞争对手挤出市场，或者吓退试图进入市场的潜在对手，而在短期内采取降低价格的策略。

就好像你发现了一片肥沃的田地，而别人同时也发现了这片田地有利可图。你为了占有其中更大片的面积，便花高价雇用工人迅速在田地周围建立起围墙。只要最终田地持续地产出优质农产品，即使初期建立围墙的成本高一些，也是可以接受的。简单地说，掠夺性定价的目的，就是在初期迅速建立起行业的围墙。

在商业竞争中，速度代表着主动权，也意味着更大的消耗。

一般来说，中小企业势单力薄，无力承担这种消耗。因此实施掠夺性定价的企业往往具有资产雄厚、分散经营能力强等竞争优势，才有能力承担暂时故意压低价格所带来的损失。而这也是滴滴引入腾讯作为战略投资人的最大优势。

2014 年初，滴滴与快的的补贴大战打响之后，腾讯在资金、流量、技术上为滴滴提供了全面的支持。从最初几百万元的预算涨到几千万元，再到高峰时期的一天烧掉一个亿，滴滴打车的用户量出现井喷，资金却仍然充足。

实际上，这场载入中国互联网发展史册的烧钱大战，对滴滴和快的来说并不是一场你死我活的争斗，反而是一场共赢的游戏。

如果只有一家企业通过烧钱来培育市场，一方面成本极高，另一方面曝光度不够，所以见效慢。而两家企业同时烧钱，就会给客户一种在竞争中得利的感觉，激发出用户极大的热情。补贴大战最终使打车软件市场迅速膨胀，在双方的市场份额都没有减少的情况下，起到了教育市场的作用。

当然，同样的战略，应用于不同的行业、不同的阶段，可能会有完全不同的结果。当年团购网站也流行烧钱混战，结果却是烧死了几千家企业。可见，烧钱的时机和企业之间的默契，或许是决定战略成效的最关键因素。

需要注意的是，这种策略获取的客户要能让客户存续，企业才能形成自己的壁垒和护城河。否则，简单的烧钱，其实是没有用的，一旦补贴外力撤去之后，市场就会快速反弹。

【太空经济】 卖一套房子就能流浪地球，你愿意吗？

2017 年 2 月初，马斯克的重型火箭"猎鹰 9 号"成功发射，惊艳了全世界。

"猎鹰 9 号"最大的成功在于发射成本的大幅下降，这让人类实现太空旅行的梦想又进了一步。

火箭发射的成本大大降低，主要得益于发射装置，比如火箭整流罩的回收成功。

马斯克宣称，"猎鹰"重型火箭的成本只需要 1.5 亿美元，与其差距最小的竞争对手相比还要便宜 2.5 亿美元。

曾经需要花 3500 万美元才能将一个人送往外太空，现在许多公司都在争取只花 25 万美元就能完成这一任务。

据说，马斯克的下一个梦想是用"大猎鹰"把人送上火星。

众多投行预计，随着火箭发射成本下降，太空经济创业将成为下一个投资风口。

那么太空经济这个风口有多大，对人类有啥影响呢？

所谓"太空经济"，是指包括各种太空活动所创造的产品、服务和市场以及形成的相关产业。

比如，卫星发射、卫星互联网、深空探测、月球登陆、地球观测、小行星采矿、太空旅游、太空研究以及太空制造等。

近几年，随着包括火箭发射、卫星制造、遥感、通信、导航等技术趋于成熟，越来越多的太空创业公司成立，将目光投向太空。

以美国为例，以前美国所谓的太空经济只有一个玩家，那就是政府搞的NASA，现在谷歌等众多科技业巨头都投入巨资进入太空领域，特斯拉创始人马斯克创建的SpaceX估值已经超过100亿美元。

目前全球航天产业规模约为3500亿美元。

而未来，太空经济的规模将呈爆发式增长。

在顶级投行高盛眼里，下一个投资风口就在遥远的外太空！

高盛在报告中称，在外太空这个尚未被探索的领域，庞大的利润正在逐渐浮出水面。太空经济“有着长远而持久的机遇”，未来20年，太空经济规模将会达到数万亿美元。

而中国市场，有专家预测，包括运载火箭、卫星应用、空间宽带互联网等，在“十三五”期间就将有8000亿元人民币的市场总量。

庞大的市场将促使中国的商业航天迅猛发展。

此前，中国航天科工集团公司发布了在中国商业航天领域的发展蓝图，打造“五云一车”的商业航天新格局。

中国最大的火箭生产研制基地——中国运载火箭技术研究院，也在北京成立了中国长征火箭有限公司，并发布商业航天新规划，不仅推出太空星座、太空专车、太空班车等发射服务，还将涉足太空旅游。

这片被看好的“蓝海市场”还催生了很多中小型商业航天创业企业。

例如，有一家在太空教育、航天研学基地、太空文化创意领域开展业务的规模不大的公司，其低轨物联网发展迅猛。

未来，在具有商业价值的太空投资项目中，小行星采矿被认为是一个很好的选择。

高盛认为，虽然很多人认为小行星采矿的困难很大，但资金和技术障碍都几乎被解决。

麻省理工学院的文章估计，一个新的稀土金属矿从头开始开发需要的费用为10亿美元，而一颗小行星可能就藏着价值高达500亿美元的铂金。

尽管目前来看，太空采矿开始进行商业运作还有很长的路要走，但它有能力进一步扩张，并促进空间制造业的发展。

高盛预计，太空采矿系统的成本可能还会更低。而地球采矿的资本投入如此之大，不排除有人向太空采矿提供资金的可能。

除了太空采矿投资外，卫星互联网服务、重型运载火箭和军用卫星代工也将是很有前景的项目。

比如马斯克在“猎鹰9号”发射成功后就推出了“Starlink星链”计划，将在全球发射4000颗卫星，让“WiFi信号”覆盖全球每一个角落，让全球任何角落都能上网。实际上，从20世纪“摩托罗拉”公司的“铱星计划”，再到“北斗系统”，追求人类居住的地球信号无死角覆盖的脚步一直都没有停止过。

或许，不久的将来，人们就可以到小行星上去挖金矿、找稀土，在外太空喝着咖啡欣赏地球了。

如此令人着迷的场景从前只有在科幻电影里才能看到，但现在却是离我们的现实世界已经越来越近了。

【大数定律】 什么是赌客的最佳策略?

据说博彩大亨何鸿燊早年接手葡京赌场时,业务蒸蒸日上,但是看到很多赌徒输光离场之后,他就开始担心“长此以往,赌客们不来了怎么办”?

此时一位赌神道出了行业的实情,对赌徒来说,让他们更加担心的是赌场不在了怎么办。

赌神揭示的是赌徒的心理缺陷,在很多人看来,如果是理性的赌客,在猜大小的赌局中,只要在输掉之后采用翻倍下注的方法,就能带着盈利离开。

但是现实果真如此吗?赌客真正的最佳策略到底是什么?要解决这些谜题,我们首先要了解一下什么是“大数定律”。

大数定律,是指在试验条件不变的情况下,重复试验多次,随机事件出现的频率近似等于它的概率,即偶然中包含着某种必然。按照教科书中的经典案例,如果我们进行成千上万次的抛硬币实验,就会发现正反面向上的概率都接近一半。说白了就是重复试验的次数越多或者收集调查样本的数量越多,就越能接近事情的真相。

值得注意的是,大数定律并不是经验规律,而是经严格证明之后确认的定理,从最开始的自然界观察到大数定律的存在,到最后证明最终形式,历时数百年，现代概率论也在这个过程中建立起来了。

在赌场中，赌客自以为靠的是运气，对赌的是庄家，然而现代赌场运营的基础是包括大数定律在内的数学原理。也就是说，站在赌客对面的真正对手，其实是高斯、纳什、伯努利这样的数学大师。

以最简单的猜大小游戏为例，对赌客最为有利的策略就是单独猜大或者是猜小，胜率在48.61%，留给赌场的预期收益是本金的2.78%。

这意味着即使所有人都只用猜大小的玩法，根据大数定律，赌场最终也能够获得总下注金额2.78%的毛利。更不用说除了猜大小的玩法之外，其他下注的方式大多都会为赌场带来10%以上的胜率了。

所以赌场要做的其实很简单，就是不断吸引更多的人加入到赌徒的行列之中，盈利的部分就交给数学法则做吧。

在国外的博彩行业中，为了留住宝贵的客户，顶级赌场甚至启用了大数据系统。你的财产情况如何、最喜欢哪些游戏、输多少钱会离开、最喜欢什么优惠券，全部显示在赌场运营企业的数据库中。

每当你差不多输到极限、发誓再也不踏入赌场的时候，面带笑容的服务员就会像天使一般出现，送给你一张免费餐券，或是为你点一杯啤酒，让你重整心情，下次再战。

“面膜”认为，现代化的科学技术，加上经典的数学理论，就是某些赌场集团杀入世界500强的诀窍所在。

当你认识到这些，就会明白为何赌场愿意为游客提供免费的餐饮，甚至是机票了。但如果你是一个在数学课上昏昏欲睡，只会在猜大小的时候翻倍下注的人，那还是与赌场多保持一些距离为妙。

而就算你是一个数学达人，也要注意理论与实践的区别，比如在现实中，由于硬币两面的纹路不同，一面朝上的概率永远会高于另外一面，这一点就算是数学家也很难察觉得到吧。

需要说明的是，普遍存在的“大数定理”并非放之四海而皆准，比如利用调查问卷的方式调查女性最喜欢什么衣服、什么化妆品、什么样的老公、什么样的生活等，不论收集的样本多么充沛，对结论的正确性和有效性都毫无益处。

【禀赋效应】“旁门左道”折冠诺贝尔经济学奖

被称为“学术叛徒”的理查德·塞勒终于获得了诺贝尔经济学奖。

他曾客串过著名电影《大空头》，创立了风格独特的基金公司，但其学术生涯却并非一帆风顺。他的研究常年得不到学术同僚的认可，也常常被知名期刊否定。

让业内人士意想不到的是，经过了 30 多年，塞勒的行为经济学已经从当初一小撮人热衷的“旁门左道”，变成了经济学研究的新典范。曾经无人问津的“禀赋效应”，不但被众多学者争相引用，更为他带来了 900 万瑞典克朗的奖金。

那么到底什么是禀赋效应，它跟我们的生活又有什么样的联系呢？

禀赋效应，是指当个人一旦拥有某项物品，那么他对该物品价值的评价要比未拥有之前大大增加。

例如，当你腰酸腿疼的时候，朋友请你去健身，你一般会委婉地拒绝，但如果是自己的健身卡即将过期，则多半会忍痛上阵；还有很多投资者一旦买入一只股票，即使基本面开始变坏，仍然不会轻易将股票抛出。

这其中的原因，部分是由于人们在决策过程中，对“避害”的考虑远大于对“趋利”的考虑，部分是受自尊等情绪的影响。无论如何，只要有禀赋效应的存在，就说明决策存在着非理性的成分。

传统的经济学理论认为，每个人都是完全理性的“经济人”，做出的决策都是自私而没有感情的，塞勒则走出了理论研究的“真空”，将人类不可避免的情绪加入到模型之中。所以通过塞勒的理论，我们可以清晰地看到，商家是如何利用禀赋效应在销售中获得先机的。

例如移动公司常常会默认为客户免费开通一些增值业务，一个月过后要取消则需要自己办理；还有一些商家用“免费试用”“不满意全额退款”的方式推销家具、健身器材等商品，但只要产品质量还说得过去，大部分客户都不会选择退货。

塞勒则选择在证券市场中直接检验自己的理论，他的基金公司以投资者的行为偏差为投资依据，在过去五年中大多数时间里都跑赢了标普 500 指数，目前管理的资产规模已达 60 亿美元。

其实对大部分人来说，比“得不到”更加痛苦的是“将失去”。那些学院派经济学家们，明知理论无法应用于实践，还要一如既往地继续投入资源，除了利益的纠葛之外，禀赋效应也占据了很大的成分。

所谓商道即人道，当塞勒拆穿皇帝的新装，一定会有更多的人发现，真正的经济学理论，是不应游离于生活之外的，而这也是大部分人选择追随塞勒的真正原因所在。

【斗鸡博弈】“认怂”的智慧

生活中，许多人常常为一些鸡毛蒜皮的小事生气，甚至大打出手。

2018年的一则新闻就是这样，北京一名男子早上乘地铁，因为拥挤与他人发生口角，并将对方摔倒在地，造成对方脑损伤死亡。

本来是一件很小的事情，最终却酝酿出了人命案。

为什么一个平时老老实实的人，为了自己的一点面子和利益非要和别人争个头破血流呢？

这都要归咎于我们今天要聊的一个小知识——“斗鸡博弈”。

斗鸡博弈，也有人把它叫作懦夫博弈，顾名思义，就是两只斗鸡狭路相逢，谁也不服谁，最终只能你咬我一口，我瞪你一下。

如果一方退了下来，而对方没有退，对方将获得胜利，退下来的公鸡则觉得很丢面子。

如果对方也退了下来，双方则打个平手。

如果自己没有退下来，而对方退了下来，自己则胜利，对方则失败。

如果两只公鸡都前进，则两败俱伤，这是最坏的结局。

因此，对每只公鸡来说，最好的结果是，对方退下来，而自己不退。

很多动物为了抢地盘，动手之前都有一系列的仪式，比如用爪子刨地，立起羽毛，眼神放出寒光，还要发出阵阵低吼……

这些都在传递一个信息：我可不是吃素的，别怪我不客气。

这时候但凡是个机灵点儿的，就先忍了，等下次见面感觉打得过的时候再说，何必非要逞一时英雄呢？

但问题在于，许多人认为面子比命重要，结果落得两败俱伤，就像本文开头那个案例一样。

在生活中，面对一件事情，我们经常会各持不同意见，谁也不肯让步，结果不仅耽误了时间，问题还可能越闹越大。

斗鸡博弈告诉我们的是，在博弈中要懂得及时退让。

人与人之间需要相互帮助和忍让，缺少这两样便什么事也干不了。不要斤斤计较、小题大做，在给对方设一道门的时候，其实也把自己堵在了门外。

所谓“审时度势”“识时务者为俊杰”，说的就是这种基于对“势”的判断，做出合理决策的过程。狭路相逢，该勇则勇，该怂就怂。

毛泽东主席当年总结出游击战的指导方针是“敌退我进，敌进我退”，“打得赢就打，打不赢就跑”，这就是一种“斗鸡博弈”。

敌退我不进，会坐失良机；敌进我不退，硬拼也不明智。打得赢不打，是怯懦；而打不赢还不跑，革命的本钱很可能都会赔进去。

汉朝开国名将韩信是“好汉不吃眼前亏”的最佳典型。乡里恶少要韩信爬过他的胯下，韩信二话不说，爬了。

如果韩信当时不爬呢？恐怕一顿拳脚是避免不了的，不死也只会剩下半条命，哪来日后的统领雄兵，叱咤风云？他吃点亏，为的就是保住有用之躯，留得青山在，不怕没柴烧。

以退为进，是一种稳妥的博弈之术。

其实，斗鸡博弈也为我们化解家庭矛盾提供了一个理论指导。男女双方结婚之后，因为一些家庭琐事就像两只斗架的公鸡，斗得不可开交。

这时，夫妻吵架一定要有一方做出让步，理论上来说，这时有两个选择，即男进女退或者男退女进。

生活中，只有丈夫让着妻子，婚姻才能保持长久。

工作中，问题沟通，也别争输赢。

【内卷化效应】 放羊娶媳妇的生活，你喜欢吗？

你是否毕业许多年，还在同一个岗位上，工资、职位都没有太大变化？你的生活没有惊喜，每天都是两点一线，周而复始？你觉得这样挺好，或许再干个十几年就可以安心退休？

这让人想起那段放羊牧童娶媳妇的经典对话：放羊为了娶媳妇，娶媳妇为了生娃，生娃为了继续放羊，如此循环，无穷匮也。

其实大部分的人生都是这样的循环，这样的人生就叫作“内卷”人生。

“内卷化效应”，是由美国人类文化学家利福德·盖尔茨提出的。

20世纪60年代末利福德在位于印度尼西亚第四大岛爪哇岛上生活过，这座岛屿四面环海，风景秀丽，雨量充沛，气候适宜，草木一年四季常青，岛上物产丰富，天然生长有咖啡、茶叶、烟草、甘蔗、椰子等。

但是作为人类文化学家的利福德·盖尔茨却无心观赏这些，他过腻了简单而重复、单调而乏味的原始农耕生活。

利福德·盖尔茨的生活既没有任何改观，也没有进步，于是利福德·盖尔茨称这种现象为“内卷化”。

后来，人们把这一概念引用到经济学中，称之为“内卷化效应”，内卷化效应的意思就是，长期从事一项相同的工作，并且保持在一定的层面，没有任何变化和改观，这种行为通常是一种自我懈怠、自我消耗的事情。现在社会各个角落，都存在“内卷化”的现象。

有些人喜欢稳定、一成不变的生活，这样的人很容易陷入“内卷化”陷阱，起初和别人站在同一起点，可能短短几年内，就拉开了非常大的差距。这就是为什么全球相对贫穷的底层群体很难翻身的重要原因。

“面膜”印象最深刻的有两个人，一个是当年的班长，一个是班里普普通通的小新妹子。

班长毕业之后，依托家族背景，进了当地的事业单位，钱多事少离家近。现在班长已经非常习惯这样安逸的生活，而当初的胸怀大志早已被抛到九霄云外。

小新妹子读书那会儿在班里并不起眼，成绩平平，长相普通，但毕业之后，她从公司的普通员工做起，一丝不苟地对待每一个任务，利用下班时间攻下各类证书，三年之后晋升为部门经理，年薪过百万。现在的小新穿衣讲究品位，皮肤水灵灵的，整个人看起来容光焕发。

类似的“内卷化”情况还有很多，例如一些民营企业，他们本着“打仗亲兄弟，上阵父子兵”的管理原则，认为用自己的人最放心，于是就把公司的那些重要岗位全让自己的七大姑八大姨把守着。

这样就不能把真正优秀的人才吸引进来，措施和办法因循守旧。十几年乃至几十年过去了，厂房依旧，机器依旧，规模依旧，各方面都没有多大的变化，使得企业进入了一种典型的“内卷化”状态，因此越来越多的家族企业引入“职业经理人”来打理。

三国后期的曹丕时代，魏国集团也是一种典型的“内卷化”。曹丕的专制让所有职业经理人都为了生存而战，斗争的对象不再是蜀国、吴国、辽东公孙氏，而是身边的同事、曾经的亲友。

甚至连亲兄弟曹植和曹彰都被严密防范，曹氏宗亲的任用也受到控制，及至他壮年去世之时，唯一能与司马懿抗衡的竟然是他在血缘上疏离无比的“族子”曹真，而曹真获得信任的唯一原因，是与曹丕一起长大的特殊经历。

等到曹睿执政时，曹睿四周的臣子，几乎全部是曹丕遗留下来的老人，这直接导致曹睿几乎无人可用，加速了魏国政权的更迭。

从上面这些案例可以看出，大到一个国家，小到企业、个人，一旦陷入“内卷化”状态，就如同车入泥潭，原地踏步，裹足不前，无谓地耗费着有限的资源，不断重复着过去。

要学会克服自身的“内卷化”状态，一定要多尝试接触新兴事物，不畏惧改变，不害怕未知，一定要有改变现状的雄心。

现在如火如荼的“人工智能”技术里面，有一个经典的机器学习算法叫“遗传算法”，该算法之所以能算出更优的问题答案，其关键在于“算法基因突变”，不再循规蹈矩。

《人类简史》这本书告诉我们，人类进化的本质是算法的进化，人类在进化过程中之所以不会陷入“内卷化”的囹圄困局，就是因为人类基因不是一层不变的，而是会突变的。

【柔性化生产】 流水线的终结者？

自福特发明流水线以来，人类第一次可以大规模的生产商品，这极大地丰富了人们的生活。

但是，随着老百姓生活水平的提高，大众化、普遍型的商品已经满足不了人们的需求，而“私人定制”的个性化、品质化商品越来越受消费者的喜爱。

在我们的日常生活中，小到茶杯、服饰、相册，大到旅游产品、电脑、汽车等，都可以进行“私人定制”。

或许要不了多久，个性化定制将成为国人的主流消费方式。

那么，问题来了，这么多个性化定制的商品，叫商家怎么生产呢？

这可难不倒商家，聪明的商人想到了一种既能降低成本，又可以满足顾客个性化需求的生产模式——这就是今天非常流行的“柔性化生产”。

所谓柔性化生产，是指在品质、交期、成本保持一致的条件下，生产线在大批量生产和小批量生产之间任意切换。柔性化生产是一种市场导向型的、按需生产的先进的生产方式。

柔性化生产可以增强制造企业的灵活性和应变能力，缩短产品生产周期，提高设备利用率和员工劳动生产率，改善产品质量，因此，是一种具有旺盛需求和强大生命力的生产模式。

柔性生产的概念，是1965年英国的Molins公司首次提出的。

目前，像汽车业的丰田、通用汽车，IT制造业的戴尔电脑，服装生产企业红领，使用柔性化生产都取得了很大成功，这些企业的利润率都高出同行很多倍。

以戴尔模式为例，戴尔公司依托互联网，将自己所生产的各种零部件及其价格陈列给消费者。

消费者根据需要自己定制产品，然后将订单和定金交给戴尔公司。

戴尔公司收到订单和定金后，在几天之内将产品组装好，送到消费者手中。

这种商业模式的结果是两个消灭，既消灭了库存，又消灭了中间商。

许多企业的平均库存高达几个月，而戴尔公司的平均库存只有5天。戴尔公司的负责人表示，在一两年内，戴尔的平均库存将进一步降到2～3天。

没有了庞大的库存和中间商，商品流通成本就非常低，戴尔公司将节省的费用大部分都让给了消费者，这样戴尔产品的价格就非常有竞争力，结果自然是越来越多的人直接找戴尔公司定制电脑。

由于大规模定制，戴尔公司各种电脑零部件的需求量非常之大。

于是戴尔公司把这些零部件都外包给了代理商生产。代理商由于大批量生产而产生规模效益，零部件价格自然也很低，这又进一步强化了戴尔公司的成本优势和价格优势，形成了良性循环。

再比如软件外包开发的供应商（一般是乙方），在之前，这个领域是非常难做的，所有客户的项目都是专门针对性的独家开发，很多乙方都被活活拖死。但是现在的软件供应商一般采用“敏捷开发”的方式，把很多软件共用的功能、插件或者模块独立出来，然后在开发具体软件的过程中，可以调用已经预制的模块功能，节约了时间的开支。

纵观国内，从服装、鞋包到钢铁、原材料，各行各业的制造“柔性化”都在加速。

以淘宝、天猫的服装类卖家为例。

定制化产品销量的快速增长，就要求卖家的上游供应链必须做到“小批量、多款式、快速生产、质量稳定、交期保证”。

但是传统工厂都只能实现其中的一部分：三五十人的小工厂，能实现“小批量、多款式、快速生产”，但很难系统性地实现“质量稳定、交期保证”；传统的大工厂能实现“质量稳定、交期保证”，但又很难实现“小批量、多款式、快速生产”。

这个时候，柔性化生产模式的优势就凸显出来了。

通过大数据和物联网对生产流程进行精准控制，通过分析消费者的购买行为和浏览商品的特征，来判断消费者对商品的偏好，从而可以快速生产出私人定制的商品。

某教授曾认为：未来中国，以大批量生产、低成本取胜的劳动密集型产业外迁到东南亚势不可挡，中国唯一可以留下的就是小批量、定制化的柔性制造产能。

未来，私人定制可谓方兴未艾，而通过柔性化生产减少库存量、降低成本，无疑可以在竞争中占得先机。

柔性化生产的核心有两点：裂解和信息链接。

【保健品】 中国老人为啥不想去医院？

网上曾流传一则新闻，说一位 73 岁的郭大爷因痴迷保健品，拒绝去医院救治而去世。

郭大爷走后，留下了满屋的保健品。

老伴郭大妈坦言，家里的钱全花在了保健品上。卖保健品的“老师”说吃了他们的保健品，不但可以治病，还能活到 120 岁。

还有一名 60 岁老人在海边自杀，留下的遗嘱中就称被保健品坑惨了。

在网上随便搜一下，这样的案例还真是不胜枚举。

没错，提起保健品，大家常把它和传销、假药、老人受骗联系到一起。

那么保健品行业到底是一个怎样的存在呢？

2015 年起实施的《食品安全国家标准 保健食品》中对保健食品的定义是：声称并具有特定保健功能或者以补充维生素、矿物质为目的的食品，即适用于特定人群食用，具有调节机体功能，不以治疗疾病为目的，并且对人体不产生任何急性、亚急性或慢性危害的食品。

从定义中可以看出，保健品仍然属于食品范畴，所以“面膜”在这里提醒大家，任何打着治病旗号的保健品都是不靠谱的。

中国保健品行业，从 20 世纪 80 年代起步，现在已经发展成一个独特的产业。

从市场需求来看，受益于人口老龄化、经济增长等利好因素，保健品行业始终保持稳定快速增长。2006—2015 年，我国营养保健品行业销售收入由 159 亿元增加至 1900 多亿元，年均增长率达 34.53%。

然而，从公司规模看，国内保健品企业普遍规模较小，超过 1 亿元规模的企业只占 1.45%，100 万元到 1 亿元规模的占近 80%，而少于 10 万元的小作坊高达 12.6%。

企业规模小意味着绝大多数保健品企业没有能力进行保健品研发，生产出的产品也就不能达到他们宣传的效果。

调查显示，保健品的成本只占零售价格的 10%左右。

比如，一款进口价只要 0.5 美元的营养补充剂，进口商申请保健品批号后，将其变成一款国内保健品，批发给零售商的价格是十几元，而到终端消费者手上的价格就要一瓶 600 元。

类似这样成百倍暴利的情况在保健品行业内并不在少数。

同样是维生素 C，在药店里买可能只要几十元一盒，而在保健品的专卖店则有可能卖到三四百元一盒。

这些保健品价格如此昂贵，平时舍不得吃、舍不得穿的老年人，却心甘情愿地掏光家底购买，这到底是为什么呢？

原来，这些保健品商家深谙老人的心理。他们知道，老人最怕的是失去生命，老人最喜欢占小便宜，还喜欢听好话。

于是，保健品销售人员就针对老人的这些弱点进行宣传，把老年人唬得那是一愣一愣的。

下面我们就来看看，这些保健品商家们的套路都有哪些。

套路一："免费""送礼物"作诱饵。

保健品商家通过发广告，以免费旅游、免费抽奖、免费聚餐等吸引老人参加，还给老人送鸡蛋、送大米和食用油，最后再以免费体检编造各种"疾病"诱使老年人掏钱高价购买保健品。

套路二：无所不治的"神医""专家"。

比如著名虚假广告表演艺术家刘××女士，号称啥都能治的"神医"，被媒体曝光前,她的身份是“北大专家”“蒙医第五代传人”“祖传老中医”等。

还有所谓的“专家”自称是世界中医康复协会的,他们满口高科技术语,如负离子、超声波、纳米技术……还雇托写感谢信、送锦旗。

其实,他们的最终目的就是向老人推荐各种“神药”。

套路三:“亲情”攻势。

现如今,许多人都不与父母住在一起,老年人平时生活单调、内心寂寞、渴望慰藉,保健品推销员正是利用这一心理弱点,给老人无微不至的关怀,直击老人的心坎。

很多推销员还帮老人做家务、陪购物,甚至一个劲地叫老人爸爸、妈妈,让老人们激动无比。

这些营销方式如此精准地触及到老人的需求痛点,即使老人知道上当,也非常乐意掏钱。

现在的很多保健品往往借助互联网化的社交营销,具有“非法传销”的性质。所以,“面膜”提醒各位“面粉”:作为子女,一定要多陪陪父母,你不来,骗子可能就来了!

【常住人口】 没想到！外地人真的不回来了

2019年春节过后，“面膜”就风尘仆仆地赶回了上海，只因为热爱工作，工作使我快乐。然而，万万没想到的是，回到上海，外卖想吃的没有，有的不好吃，公司旁边的煎饼摊和包子店全都关门了。除了吃的没了，打车、送快递也找不到人了，一个朋友从陆家嘴打车回家，没多远的路程就要一百多。

外地人都回家过年了，不过完正月十五他们是不会回来的，甚至有些真的再也不回来了。统计数据显示，北京和上海人口规模竟然罕见地出现了净减少。

那么，这些外地人离开大城市都去哪里了？人口变化对一个城市的经济发展有啥影响呢？

常住人口，是指经常居住在某个地方半年以上的人口。简单的理解，在一个地方待久了，就会成为这个地方的常住人口。目前，我国城市人口每年增加2000万，城市常住人口达到8.1亿，占比已经达到58.8%；农村人口只剩5.8亿，并还在以每年1300多万的速度减少。从城市规模看，我国已有653个城市，城区人口超过100万的城市已经达到140多个。

由于大量的外来常住人口进入城市，特别是北京、上海等一线城市，每年春节，数以亿计的外地人都从大城市回到自己长大的县城、乡镇和农村，形成中国独有的人口大迁徙运动。

外地人进入城市，给城市经济发展带来了巨大的活力。但是由于外来人口来得太多，政府倾向适度管控大城市人口规模，不至于人口过度膨胀。最近这几年，大城市的外来人口有减少的迹象。数据显示，2017 年，上海外来常住人口比上年减少了 7.52 万人。北京外来人口也少了几万。大城市生存压力成本增加，很多外地人只好转战其他二、三线城市。

最近几年，随着一大批承接了产业转移的二线城市纷纷崛起，二线城市之间上演了一场“抢人大战”，甚至“送钱”“送房”“送户口”争夺人才流入。

根据百度地图发布的主要城市人口吸引力排行显示，除了“北、上、广、深”外，成都、重庆、苏州、杭州和郑州进入了全国人才吸引力的前 10 位。特别是像成都、杭州这样的省会城市，吸引了很多省内人口流入。

对于城市来说，只有人口持续流入，经济增长的后劲才有保障，尤其是依赖土地财政的税收和房地产，才能稳健和持续发展。如果人口不断外流，那么城市发展也就成了无源之水。

或许，大城市不缺一个白领，但是很可能会缺一个农民工、洗车工、送快递的，等等。不仅是因为术业有专攻，也是因为大部分白领放不下面子去做这些事情。

外地人除了做着本地人不屑做的苦力活外，他们在大城市的食物链顶端也占有一席之地。可以说，一线大城市所有行业想要正常运转，都离不开外地人。比如在北京，各行各业中外地人的比例都达到了 70％以上。所以我们看到，外地人回乡过春节，快递就停了，外卖也吃不到了，吃碗拉面也比平时贵好几块钱，到处都是涨价的声音。

作为中国的政治、经济和文化中心，北京和上海这两座国际化大都市一直都对外地人有着巨大的吸引力，正如歌手汪峰在歌中唱的那样：“我在这里活着，也在这里死去”。

很多城市人口的外流是社会发展、产业转移的必然结果。比如广东的一些工厂，还有苏州一些劳动密集型的电子产品代工厂，很多年轻的小伙子都不愿意再回去了。此前一份分析报告显示，很多厂房的年轻工人都转型去送互联网外卖了。那么，工厂流水线工人数量的巨大缺口怎么办呢？没关系，比如富士康就采购了大量机器人。

如今，很多外地人不得不选择离开梦想中的圣地，这对外地人和本地人或许都不是最佳的选择。海纳百川，有容乃大。

【懒人经济】 饿了么与美团点评的发家之源

不想打扫卫生，又爱干净；宅在家不想做饭，又想吃美食；……这都不是问题。现代化的生活打造了很多懒人，他们的要求总是很无理，但却在一步步地开始实现。

外卖餐饮巨头饿了么就是一家靠着懒人痛点做大做强的企业。从上海交大起家的饿了么，经过 8 年的发展，已成为中国最大的餐饮外卖平台之一。而它创立的最初原因，就是有人熬夜玩游戏之后懒得出门买饭。

如此之大的痛点，怎么可能没有资本的汹涌澎湃。就在饿了么拿着阿里的融资买下百度外卖之后，美团点评也接近敲定至少 30 亿美元融资。据媒体报道，此前一轮融资由 IDG 领投，老虎基金参与，腾讯也追加了 10 亿美元的投资。这充分印证了创投圈流传的那句话："互联网是你家的，也是我家的，最终都是马家的。"当然，这是调侃、戏谑之言，不必当真。

为何资本巨头如此看好外卖行业，懒人经济的爆发到底意味着什么？接下来我们就来探讨一下。

懒人经济，是指随着懒人群体的不断扩大，懒人用品和服务开始出现在市场上，越来越多的商家也开始瞄上懒人群体，从他们的"懒惰"上挖出市场空间与产品需求。

社会的进步就是让一切都变得越来越简单,越来越方便,所以有人说,这个世界就是由懒人创造的。当然,这里说的懒,并不是一种生无可恋式的颓废,而是通过完善产品和服务,来减少不必要的体力劳动。在某种程度上,人们越是懒,说明社会的发达程度就越高。互联网产品的"进化论",越来越朝着"懒人经济"的趋势演进。

真正有价值的"懒",就是想尽办法用10分钟去完成10个小时的工作,所以"懒"的直接后果就是发明创造。因为懒得爬楼梯,人们发明了电梯;因为懒得走路,人们制造出汽车、火车与飞机。因为懒得出去逛街,电商出现了;因为懒得出去吃饭,外卖出现了。

电脑发明者约翰·阿塔那索夫说:"我太懒了,不喜欢运算,所以就发明了电脑。"比尔·盖茨发现人们懒得记忆繁琐的DOS命令,就发明了Windows操作系统。

人类变懒的历史,既是科技创新的轨迹,也是一条经济繁荣之路。如今仅仅作为懒人经济一小部分的餐饮外卖,就已经做到如此巨大的市场规模,足以印证当前经济社会所发生的巨大变革。

当越来越多的高收入群体开始追求轻松惬意并且多样化的消费体验时,消费升级的基础无疑已经开始成熟。而这或许是马云与马化腾战略布局的真正原因所在。

从更广阔的视角来看,有人的地方就有懒人经济。美食外卖不过是满足了懒人衣食住行中的食而已,随着生产效率的提升,一定还会有让人更加懒惰的服务出现,比如发源于日本的整理衣橱行业,也已经逐渐在中国流行了起来。也许就在我们这些"懒癌"患者拿着手机上网订餐的时候,中国经济的转型已经悄然拉开了序幕。

心理学研究表明,人都有三性:懒惰性、好色性和贪婪性。

【墨菲定律】 怕什么，来什么！想化解就靠这招了！

生活中，你是否有这样的经历？等公交车很久没来，你想打车，结果，刚坐上出租车，一回头公交车就来了；早上上班，你很犹豫要不要带雨伞出门，想了半天还是没带，结果下班后外面倾盆大雨，下得你心里发慌；路过彩票店时，你突然想到自己是不是要中500万，买了之后你感觉不妙，结果你懂的……

类似的例子还有很多，于是，你内心在咆哮，为什么偏偏是我，为啥老天爷喜欢捉弄俺？

“面膜”告诉你，这背后“捣蛋”的其实是“墨菲定律”。墨菲定律是一种心理学效应，由工程师爱德华·墨菲提出，1949年，在一次火箭减速超重试验中，因仪器失灵发生了事故。总结原因时，墨菲发现，测量仪表被一个技术人员装反了。由此，他得出的教训是：如果做某项工作有多种方法，而其中有一种方法将导致事故，那么一定有人会按这种方法去做。

后来人们把墨菲的这个结论延伸了一下，就成了现在的墨菲定律。

墨菲定律的主要内容有：

- 任何事都没有表面看起来那么简单；
- 所有的事都会比你预计的时间长；
- 会出错的事总会出错；

● 如果你担心某种情况发生，那么它就更有可能发生。

墨菲定律的核心思想是，如果你担心某件事情会向你预想的不好的方向发展，那么它就一定会发生。

举个例子：家里用水壶烧完开水后要把开水倒进水瓶里。

如果你让你妻子去倒开水，你会很放心，她不会在倒水时烫着自己。但如果你让10岁的孩子去倒开水，你会有一种预感，孩子有可能把这件事情搞砸，弄不好还会烫着孩子，如果你不顾这种预感，执意要10岁的孩子去倒开水，那么糟糕的事情很可能就会发生。

墨菲定律非常有实用价值，它提醒你感觉不好的事情一定不要去做，否则就很有可能失败！感觉好的事情也不要盲目乐观，因为成功没有想得那么简单！

我们都有这样的体会，如果在街上准备拦一辆车去赴一个时间紧迫的约会，你会发现街上所有的出租车不是有客就是根本不搭理你；而当你不需要租车的时候，却发现有很多空车在你周围游弋，只待你一扬手，车随时就停在你的面前。

墨菲定律告诉我们，越担心某个情况发生，它就越可能发生，那这到底是为什么呢？人都想趋吉避凶，但坏事却更易发生。

一般来说，当人担心一件事时，担心本身就会让人失去理智，这就意味着埋下了坏事发生的种子，让坏事获得了发展的机会，而后慢慢"结出果实"，最终成为现实！这，就是墨菲定律的本质，也是"人生不如意的事十之八九"的原因！

一件事情，从起心动念到最终实现的过程，就犹如一颗种子生根发芽，逐渐成长，并最终结出果实，整个过程需要时间的酝酿积累才能完成。

反过来也是一样的道理，一个人期待一件事情时，强烈的渴望会让人轻视许多做成这件事情的必要条件，恨不得事情马上做成。这意味着，好事缺少了生根发芽的"种子"，这就是所谓的急功近利、欲速则不达。

因此，墨菲定理告诉我们，一方面，我们应该先要把坏事发生的土壤消灭，使其得不到发展的机会，将灾祸消弭于襁褓阶段；另一方面，对于好事，心中埋下愿景之种后，就不要再心心挂念，而要给它发展壮大的机会。

墨菲定律提醒我们广结善缘——未必能积福，但是祸患已远去。

第4章

投资经济学

现金流

【央行回购】 正回购和逆回购，央行发力的基础招式

央行回购分为正回购和逆回购，主要目的是减少和释放市场货币的流动性。

2018年10月24日，中国人民银行展开了期限7天的逆回购操作，总金额1500亿元；10月25日，又增加了1000亿元的逆回购，根据央行此前数据，这已是连续第五个交易日净投放了。

央行逆回购这个词是不是看上去特别高端大气上档次？

不要被这个词欺骗了，这其实并不是一件特别复杂的事情。

而且，正所谓太极升两仪，有逆回购，怎么可能没有正回购呢？

本文中我们就聊一聊央行回购。

央行回购，分为正回购和逆回购。

央行逆回购，是指中国人民银行向一级交易商购买有价证券，并约定在未来特定日期将有价证券卖还给一级交易商的交易行为。

央行正回购，是指中国人民银行向一级交易商以一定规模债券作抵押融入资金，并承诺日后再购回所抵押债券的交易行为。

央行，在我国就是中国人民银行，金融从业人员一般喜欢喊她的爱称——“央妈”。作类比的话，央妈在中国的地位，相当于美国的美联储，或

者欧盟的欧银。

那央妈的主要工作是什么呢？专业地说，中国人民银行是国家干预和调控国民经济发展的重要工具。负责制定并执行国家货币信用政策，独具货币发行权，实行金融监管。

通俗地说，央妈需要操心的都是钱的事情。市场上钱多了，她就会指定一些货币紧缩政策，把市场上的钱收一收；市场上的钱少了，她就会制定一些货币宽松政策，给市场再放点钱。

正所谓，技多不压身，央妈常用的货币政策套路，主要分为三类：分别是存款准备金政策、再贴现政策和公开市场操作政策。

这次我们讨论的央行回购，就属于第三类——公开市场操作政策。

鉴于央妈最近的操作是逆回购，我们就先从逆回购说起吧。

其实，要说清楚逆回购，首先要说清楚什么是回购？而如果要弄清楚回购，我们要先弄明白的核心就是：央妈到底购买的是什么？虽然说央妈也曾经年轻过，但人家的格局可不是一般的高，所以她要买的东西马云是不能满足的，名牌包包和鞋子这种几十万的货色，央妈才看不上，央妈要买的，是以亿元为基础计算单位的债券。比如国债和金融债。

大家是不是觉得“国债”和“金融债”这两个词，乍一看还挺眼熟，但是要具体说说是什么吧，又不是很确定？

其实很简单，如果你买国债了，就相当于国家欠你钱；如果你买金融债，就相当于银行欠你钱。

当然了，债券的种类并不限于国债和金融债，还有公司债、企业债，等等。但是“面膜”之前说的这两种，由于有国家和银行的信用作为背书，违约的风险相对其他债券而言低得多得多。类似于前段时间P2P集体跑路的情况，在这两种债券身上基本不可能出现。所以央妈手下的那帮熊孩子——商业银行们和央妈自己本身都非常偏爱这两种类型的债券。

鉴于可能有“面粉”不买债券，我们还是需要科普一下债券的基本操作流程：我们以国债为例，我国政府出于融资的需求，向公众发行国债，作为公众的一员，你用自己手里的钱购买了一部分国债份额后，耐心等待国债到期，国债到期后，国家会把本和利一并还给你。

而央行逆回购的套路却和传统的债券操作流程完全不同。现在我们已经知道，由于国债和金融债低风险的特点，商业银行的手里也囤了很多。所以当市场上流动的货币不足时，央妈可以指定某家商业银行将手里的债券抵押在自己这边，然后央妈将借款传递到该商业银行的手里，这就是逆回购。

那央妈的这个举措会引起什么后果呢？很明显，由于收到了央妈的借款，那这家商业银行手里的钱多了，所以他顿时拥有了更多的钱可以借给需要用钱的公司和个人。

那如果央妈现在对每家商业银行都实行一样的逆回购操作又会发生什么事情呢？由于市场上的商业银行多，央妈每个银行都给一点，最终通过商业银行这个渠道，央妈投放在市场上的货币总额增加了，这就相当于一次变相的降准。

那降准又是什么呢？就是我们前文提到的，央妈货币政策套路的第一条——存款准备金政策。

下面我们来说说央行正回购。其实，正回购和逆回购的差异并不大，就像是一枚硬币的正反面一样，我们先说说两者的相同点：

- 相同的购买物：国债和金融债；
- 相同的主角：央妈；
- 相同的配角：若干商业银行。

但是正回购的目的和逆回购完全相反，后者的目的在于释放流动性，属于宽松的货币政策；而前者的目的则是为了减少市场流动性，属于紧缩的货币政策。

要知道，央妈和天底下所有的妈妈一样，都是天生爱操心的性子，她一旦注意到市场上流动的货币太多了，就会像你妈妈注意到你房间太乱了一样，是一定会管的。央妈要管的原因在于，过多的货币在市场上流通对于国家来说并不是什么好事，因为这会引起通货膨胀，甚至引起更糟糕的经济滞胀，同时也会进一步加大社会的贫富差距，对于国家的稳定性不利。

那么具体的正回购是如何操作的呢？说白了，就是央妈找商业银行卖证券。央妈卖的债券，有央妈的信用背书，这个债券有多安全呢？“面膜”这么说吧，央妈家里有台印钞机，在我国，央妈印钞属于合理、合法、合规，是天经地义的事情。所以千万不要怕央妈没钱，国家没钱了，央妈都不会没钱，因为央妈要是真的没钱了，人家会印钱的。

那么可能有的小伙伴要问了，央妈找商业银行卖债券，商业银行可以拒绝啊，这个小伙伴你一看就很年轻，你不要看中国银行、工商银行、建设银行都是世界500强企业，头上长角、牛气冲天，可央妈是谁？是所有银行的“妈妈”，请问，你妈找你借钱，你敢不借吗？

央妈通过把自己的债券抵押给银行向银行借钱，于是银行手里的钱变少了，本来可以轻轻松松放100个亿贷款的，现在才放了80个亿就捉襟见肘了，可是市场上缺钱的企业数量和需求的贷款金额并没有变，于是商业银行不得不做一件事情——提高贷款利率。

所以央妈正回购之后，发生的事情是这样的：央妈抽走了银行的钱，银行可以贷款的金额少了，带来的连锁反应就是银行贷款利率上升，于是原来想扩大再生产的企业，由于贷款利率的上升对于扩张计划会三思而后行，甚至会暂时停止，最终原本过热的经济就被控制了。

所以各位“面粉”现在知道了吧？央行逆回购，相当于变相实施了一次温和的降准操作，是央行向市场释放流动性的信号。而央行正回购则恰恰相反，它意味着央妈变相实施了一次温和的提准操作，是削减市场流动性的表现。

举个例子，如果我们把经济比作是一匹马，当这匹马跑得太慢，也就是经济衰退的时候，央妈就会采用逆回购的方式释放流动性，就类似于使用马鞭的效果，可以让马儿跑得快起来，也就是让经济慢慢复苏。

而过热的经济发展则意味着马儿跑得太快了，那么以正回购为代表的收紧的货币政策，就好像给那匹野马系上了一根缰绳，如果这批野马跑得太快，缰绳一紧，就可以慢慢地把这匹马儿的速度降下来。

你可能会有疑问，既然正回购类似于提准，逆回购类似于降准，那央妈为什么不用第一招，而要用第三招呢？

原因是这样的，央妈的三个货币政策：存款准备金政策、再贴现政策和公开市场操作政策，就像不同的武功招式，攻击范围和杀伤力是从1到3逐项递减的。

如果使用第一个办法——存款准备金政策，这个被认为是货币政策中最猛烈的一招特别像什么武功招式呢，就像郭靖大侠的降龙十八掌。央妈放一个降龙十八掌，上新闻事小，如果引得市场反应过度，造成恐慌或者狂热，那可不是央妈想看到的。而且由于降龙十八掌是一个全屏伤害，所以每家银行接受的伤害都一样。但问题是：每家银行的情况不一样啊，底子好的银行像杨过，被打一下养养也就好了，底子不好的银行像郭芙蓉，被打一下，三五年都不一定缓得过来。

但是第三招——公开市场操作政策就不一样了，对应的武功招数是李寻欢的小李飞刀，属于定点范围伤害，不但精准，而且见效快，央妈一把飞刀过去，不仅能达到小范围，降级降龙十八掌的伤害量，而且不会波及其他银行，属于定点投放，而且回购这个招数，能收能放，非常灵活。

好了，关于央行回购这件事情，我们就讲完了，各位“面粉”都理解了吗？

【换手率】“贾跃亭们”要爆仓？揭底庄家操作手法

时光穿回到2017年，你一定会被乐视复牌的新闻给刷屏了。自2017年4月14日停牌，乐视于2018年1月24日迎来复牌。然而，乐视网复牌4天内，天天跌停。套牢的不仅是散户投资者，还有很多机构投资者。

数据显示，“踩雷”的基金公司数量高达56家，持有9800多万股乐视股票。让这些投资者欲哭无泪的是，由于没有人接盘，只能眼睁睁地看着手中的股票跌停。换手率已经低到可怜的0.02%！这说明乐视股票已经彻底被庄家抛弃。

那么，什么是换手率？为什么说看懂换手率，你就看懂了庄家的意图？

换手率，也称周转率，是指在一定时间内，市场中股票转手买卖的频率，是反映股票流通性强弱的重要指标。

举个小例子：假设一只股票有100股流通股和100位股东，这说明每位股东都持有1股。如果某个交易日，有30位股东卖出手中的股票，也就是有人接下这30股股票，那么当天的换手率就是30÷100=30%。

在股票交易中，换手率指标是反映市场交投活跃程度最重要的技术指标。换手率越大，说明市场交投越活跃，换手率高一般意味着股票流通性好，进出市场比较容易，具有较强的变现能力。反之，换手率越低，市场就越冷清，比如前面提到的乐视股票，换手率低到0.02%，已经到了想卖但却卖不出的地步。一般来说，在A股市场上，大约70%的股票日换手率低于3%。也就是说，3%是一个重要的阈值，3%以下的换手率非常普通，通常表明没有较大的资金在其中运作。当一只股票的日换手率在3%～7%之间时，说明这只股票已进入相对活跃状态，我们应该注意了。当日换手率达到7%～10%时，意味着这只股票已经成为强势股，在市场上受到广泛关注，股价走势呈现高度活跃的状态。

可以看出，换手率在市场中是很重要的短线买卖参考指标。可以通过研判换手率，推测出主力的操作手法，进而判断一只股票的未来发展趋势。

那么如何通过换手率来判断主力的行为呢？一般来说，在股价上涨的初期，如果换手率经常出现高达20%的情况，往往意味着主力在建仓买入。如果股价持续上涨，并且换手率始终维持在5%～20%，这也说明庄家在花大力气建仓，因为这么高的换手率配合股价的缓慢上涨，不是一般散户能够做到的，很可能是主力在背后拉升。当股价在上涨阶段出现回调，但换手率并不高时，说明这是庄家在打压洗盘，散户在大量的出货。因为主力没有撤离，所以换手率不会大幅上升。当股价经过疯狂拉升后快速回落了，同时出现很大的换手率，这才说明庄家准备跑了，因为庄家把获利的股票抛售给了散户，筹码在短时间内从庄家的手里转移到了散户的手里，放大了换手率。以上这些就是换手率在股票投资中的具体应用。

换手率主要反映的是市场参与者的情绪变化，要想准确判断股票走势，还需要借助其他指标和基本面因素来进行综合评判，所以“面膜”提示大家要谨慎投资哦。

【现金流】 为啥京东在发展过程中亏了钱，背后的金主却更有信心了？

每到年初，正是各家公司发布年报的关口。“面膜”发现，很多科技巨头如微软、谷歌在2017年都出现了巨额的亏损。已公开的财报显示，2017年第四季度，微软净亏损63.02亿美元，芯片巨头高通净亏损60亿美元，谷歌母公司净亏损30.2亿美元。

听到这里，您可能会很困惑，这些巨头们混得也没乐视那么惨，业务仍然在稳健增长，为什么会出现巨额亏损呢？原来其中的奥秘就在现金流上，公司的经营业务虽然良好，但是现金的转移也会导致公司出现亏损。

由于正值美国政府推出了巨大的企业税优惠政策，很多美国公司纷纷把他们在海外的巨额现金转移回美国。比如，苹果表示将把滞留海外的2000多亿美元现金汇回美国，预计需一次性纳税380亿美元。微软把现金转回美国后，缴纳了138亿美元的一次性税务支出。如果没有这笔支出，微软还盈利75亿美元，同比增长20%。高通第四季度出现净亏损也是因为一笔60亿美元的税务支出。

看来，在分析一家公司的财务状况时，不能光看是净亏损还是净盈利，还要看看现金流怎么样。比如，我们都知道，京东绝大部分时间都在亏损中，但刘强东和华尔街烧钱的金主却一点也不担心。这其中的逻辑，很多人都不明白。

现金流量，是指企业在一定的会计期间，按照现金收付实现制，通过一定的经济活动，包括经营活动、投资活动、筹资活动和非经常性项目，产生的现金流入、现金流出情况的总称。简单地说，就是企业在一定时期内，现金流入和流出的数量。企业获取资金一般有自我造血（一般是经营收入）、占用供应商资金、债权融资、股权融资几种途径。一般来说，现金流丰沛，说明这家公司在价值链上占据了重要的位置，在与上下游公司的合作中，处于有利地位。

大家都知道，京东此前长期亏钱，但是却没有倒闭，那么到底是什么在支撑京东的运营呢？一个重要的原因就是京东的现金流很健康。俗语说，“手中有粮，心里不慌”。

理论上说，一家企业只要有现金流，出现亏损也没有太大的关系。比如，一个企业一年现金流 100 亿元，每年亏 1000 万元。那么它可以运作几百年都没问题，因为 10 年才亏 1 亿元，100 年才亏 10 亿元，只要现金不断流转，稍微延期几天或几个月还款，供货商、投资者的信心就不会受到影响。所以，亏损的企业只要有现金流，就可以耐心地等待时来运转；而赚钱的企业没有了现金流，就有垮掉的风险！

在这里，“面膜”给大家举一个在新三板上市的某明星公司的例子。该公司曾是新三板上流动性排名前五的公司，挂牌后累计融资 4.85 亿元，连续三年净利润增长均高达 100%以上。

从 2017 年开始，该公司的营业收入和净利润开始大幅下滑，分别下跌 30%多和 65%。导致股价一路下挫，从最高点 7 元跌至现在的 1.6 元。短短一年多的时间，市值蒸发接近 20 亿元。可以说，好端端的一家明星公司，几乎突然之间就发生了这么大的危机，而危机发生的原因，正是由于现金流出了问题。

据该公司的 2017 年年报显示，公司总资产 8.76 亿元，其中应收账款和预付账款分别达到 1.98 亿元和 1.08 亿元，长期应收款 2.68 亿元。也就是说，这些经营性占款占到了总资产的 66%。而公司账上真正能动用的货币资金仅为3000多万元。由于该公司的资金都被上下游占用，庞大的应收款无法按期收回，导致自我造血功能丧失，最终把一家明星公司逼到了绝境。

应收账款如果不能按照合同约定时间回款，在一些地方，逾期超过半年就会列为坏账或者不良资产，违约风险是存在的。

可以说，现金流就像空气一样，平时感觉不到它的存在，窒息的时候才发现它是多么的宝贵。

所以，判断一家企业有没有发展前景，股票能不能买，不能光看它有没有赚钱，还要学会分析它的现金流怎么样。一般来说，预付账款、应收账款过多，意味着企业的议价能力不强，这对公司未来的发展是不利的。此外，融资渠道、资本市场信心也是判断现金流的重要指标，至少关键时刻有人来输血。

不过，选股看现金流指标还是有局限性的，因为具有滞后性。最好的选股方式是优先选行业，最有效的办法是留意央视的《新闻联播》，不是开玩笑的喔。

【多头陷阱】 庄股、妖股、仙股、垃圾股，股股要人命

我们在实际投资中很可能遭遇到这样的情况，对市场信心满满的时候，全球股市却突然遭到了一场大级别的下跌。为什么之前还是牛市，股指还创下了历史新高，转眼之间，就开始暴跌了呢？从交易的角度来看，投资者可能是中了“多头陷阱”的圈套了。

那么，什么是“多头陷阱”，怎样识别，以便在以后的交易中避免“多头陷阱”呢？

在投资市场中，对股市看好，预计股价会涨的投资者被称为“多头”；反之对市场悲观，认为市场会下跌的投资者则被称为是“空头”。

而所谓的多头陷阱，是指庄家利用资金、消息或其他手段操纵图表的技术形态，使其显现出多头排列的信号，使之看起来“旧貌变新颜”，诱使散户进场买入，此举行业专业术语叫“诱空”。主力在将价格拉升到新高点后，快速抛售手中股票，股价跌破之前的支撑位，使在高位买进的投资者被套牢。

因此，长期来看，支撑位和基本面才是亘古不变的。其他因素都是外力作用，一旦外力撤除，股指就会恢复到原貌。

比如，一只股票从 10 元涨到了 18 元，并在 17 元到 18 元之间上下波动了一段时间后，突然冲破 18 元，涨到了 20 元。这时，很多散户会进场买入。但随后，在一个较短的时期内，股价却迅速掉头向下，并且跌破了此前 17 元

的支撑线,使在18～20元之间买入的投资者被套牢,那么18～20元这个价格区间就称为“多头陷阱”。

多头陷阱往往发生在股价屡创新高之后,也是一波趋势性行情的末端,这个时候市场成交量萎缩,散户投资者对后势看涨情绪浓厚,不断逢低买进,使得价格维持在高位。但由于缺少主力买盘,股价会越来越靠近均线支撑,这种情形暗示只要未来有一根大阴线,那么整个均线支撑系统都会被破坏。最终,那些在股价最后上涨时买进的投资者,都落入了这个陷阱。

举个例子:1994年,市场主力将上证指数从333点一路拉升到1000点心理大关上方。按一般的技术分析,当股价突破原来的阻力线而创新高后,上升势头仍将延续。许多股民根据突破重要关口理论,误认为沪指至少会上涨到1200点,于是纷纷杀入股市大量买进。谁知庄家借机抛售出货,股指应声回落,制造了威震一时的千点多头大陷阱,不少股民在高位被套牢。

股民容易掉进多头陷阱,主要是因为“多头陷阱”与“多头行情”从图形上看非常相似,都是股价高开高走,不断上涨创新高,成交量放大,从技术图形上看可谓“形势大好”。但是,如果是多头陷阱行情,当股指创下新高后,普通股民盲目乐观,而庄家则全力出货,最终吃亏的还是散户投资者。

那么,我们到底该怎样避免落入多头陷阱呢?

辨别“多头陷阱”,主要看成交量与股价是否配合。

一般来说:股价创新高,同时伴随很高的成交量,回调的时候幅度较小,同时成交量也不大,这是上涨趋势延续的信号,可以认为市场仍处于多头状态。反之,如果股价创新高时,成交量不大,而紧接着股价回调幅度很大,并伴随着巨大的成交量,说明庄家出货的意愿已经很强烈,这时,就要警惕多头趋势可能会逆转了,投资者需要当心,此时就可能存在“多头陷阱”。

当多头陷阱发生时,如果还对未来走势充满信心,那么就有可能越陷越深。所以,陷入陷阱的股票交易者应该尽快逃出来,放弃原先的观点,等待行情明朗再考虑进场,这是成功的投资者持有的一种极为重要的态度。“面膜”想说的是,股票投资风险很大,投资者需要谨慎对待。在这里“面膜”分享股神巴菲特给普通投资者的3条投资建议,以供参考:第一条是,机会好得让人难以置信时,很可能就是陷阱;第二条是,不要相信所谓的炒股专家;最后一条,远离杠杆,永远不要借钱炒股。

【凯利公式】 股票作手失败的真正原因是什么?

很多股民都看过《股票作手回忆录》这本书。这本书通过对利弗莫尔投机生涯的描述,再现了百年之前美国金融市场的纷乱与生机勃勃。

令人叹服的是,利弗莫尔从白手起家,到积累上亿美元的财富,全部依靠的是他一个人的独立判断与操作。要知道,在当时的美国,一辆汽车不过价值几百美元。所以当时利弗莫尔赚到的1亿美元,实际上相当于今天的100亿美元以上。

不过令人惋惜的是,即便是利弗莫尔这样的股票奇才,最终也未能在股市中全身而退。由于习惯重仓操作,利弗莫尔的资产波动极为剧烈,1929年卖空赚得1亿美元之后,1931年便只剩一半身家,1933年资产更是全部归零,只得申请破产。

1940年,这位华尔街最大的个人投资者在一家酒店里拔出手枪,为大起大落的人生画上了句点。那到底是什么原因造成了利弗莫尔的失败,普通投资者怎样才能避免重蹈覆辙呢?我们还是从"凯利公式"开始入手吧。

我们用投掷硬币的游戏来帮助理解"凯利公式"。

假设你有100美元,进行一项抛硬币游戏——如果硬币为正面,1美元就赢2美元;如果硬币为反面,就输1美元。请问,你每次该投入本金的多少比例来获得收益的最大化呢?

“面膜”的第一感觉是——不会吧,这也有答案?其实就是这样一个看似无解的问题,凯利公式却可以告诉你:25%的比例可以获利最大化。

那么,神奇的“凯利公式”(Kelly Formula)究竟是什么呢?

凯利公式的核心点就是一个叫作“信息熵”的概念。信息熵就是平均而言,发生一个事件我们得到的信息量的大小。很显然,越小概率的事情发生了,新增的信息量越大;越大概率的事情发生了,产生的信息量越小。比如金融领域的黑天鹅小概率不可预测,但是同性质的黑天鹅发生频率高了,进一步提供金融风险的信息就越来越有限了。

我们再列举两个形象的案例来辅助说明一下。

案例一:在第二次世界大战时期,德国拥有世界上其他国家没有的战略性武器,比如导弹和潜艇。德军将潜艇用于封锁同盟国军舰,进而封锁其军需供给。那么一道数学题来了,同盟国军舰是一艘一艘企图通过德军潜艇封锁线,还是将军舰整合起来成为军舰编连队一次性通过封锁线,哪种策略更加安全、风险更小?

其实,如果整合成为军舰编连队通过封锁线没有被德军潜艇发现,固然一艘军舰都不会损失,但是,一旦被发现,则整个舰队都会被一锅端掉。

案例二:

中学数学课本上有一道经典的概率计算题,跟案例一其实有异曲同工之妙。在 N 个人群中为普查某种疾病,进行抽血化验。化验的方法可以有如下两种:(1)分别对每个人的血进行化验,这时一共要化验 N 次;(2)把 K 个人分为一组,把同一组的 K 个人的血液混合在一起进行化验,如果混合血样是阴性的,则说明该组 K 个人的血都呈阴性反应,因而这 K 个人只需化验一次;如果混合血样是阳性的则对 K 个人再逐个分别化验,这样 K 个人共做 $K+1$ 次化验,这样,对每个人来说,化验的次数取值为 $1/K$ 或 $(K+1)/K$ 。假定对所有人来说化验呈阳性反应的概率 P 较小,且不同人之间的反应相互独立,试说明用第二种方法进行化验可减少化验的次数,并决定 K 的取值,使化验次数最少。

怎么计算呢?(前方高能)

第二种方案中，K 个人为一组，每个个体的阳性概率为 p。

令 $q=(1-p)^k$，则 k 个人的混合血化验是阴性的概率是$(1-p)^k$，呈阳性的概率是 $1-(1-p)^k$。

最终计算结果 p 与 K 函数关系为：

$$1/K=1-(1-p)^k$$

详细求解过程不赘述了，这不是本节内容的重点。

以上就是“凯利公式”两个最基本应用的雏形。

真正的凯利公式理解起来非常复杂，我们使用巴菲特简化版的“凯利公式”来帮助“面粉”理解。

符号约定：

P＝成功的概率；

X＝投入的资金百分比；

那么，X 与 P 之间的最优化投资的关系式为：

$$X=2P-1$$

举例来说。假如市场行情还不错的情况下，你 70％的概率炒股是能赚钱的，那么你就应该买入 2 * 70％－1＝40％的股票仓位。此举，可以利用凯利公式来控制仓位。

假如你有 100％的盈利机会，那么就全仓吧。

“凯利公式”的精髓，一言以蔽之，就是“寻求确定性”——信息熵越大不确定性就越大。

我们投资股票的时候，如果想增大短期仓位可能最优的选择就是考虑一下重仓波动性小、但是上涨概率大的大盘股，比如沪深 300 指数、消费、医疗、低波、红利、质量等策略性基金都可以；而对于波动剧烈的小盘股，比如创业板股票或者券商指数股票，我们必须保留低仓位操作。

基金投资经理一般都会扎堆往白马股、茅台酒、烟草、独角兽等方向投资，其实外行看的是基金经理的找概念、炒噱头。其实不是，这些投资标的代表“稳定性”。现在投资理念越来越倾向“因为、所以”的简易逻辑，而不再偏向“虽然、但是”的迂回逻辑，迂回逻辑其中蕴含着众多投资的不确定性。

凯利公式的难点在于投资盈亏的概率实际上是难以量化的，甚至是不可能办到的。但是凯利公式依然给了我们以下重要的投资启示：

第一点，不能参与信息熵接近 1 的博弈，就是胜率 50%的行为，比如抛硬币游戏。

任何在胜算不超过 50%的情况下，“赌一把”的行为都有害于投资的长期复合增长。那些看似风光，经常参与“小概率大回报”的投机者是无法长期获得财富的快速增长的。

请记住，长期来看，“小概率大回报”比不上“大概率小回报”。

顺便说一下，抛硬币这个游戏严格来说，正反面的胜率其实是不一样的，因为硬币的重心不在其中心上。所以，别再用掷硬币的游戏来忽悠人了。

第二点，不确定性越大，投资的长期复合增长率越低。

为什么巴菲特总是投资于一些看似老掉牙、乏味，但未来可以预见的稳定增长的消费型公司，比如可口可乐，而不投资于高科技的云计算、区块链，等等？虽然巴菲特也投资了苹果公司。

从信息熵的角度看，那些枯燥的公司绩优以及不确定性低，信息熵较低。而那些高科技公司的不确定性高，信息熵高，复合增长性不确定。只有投资信息熵低的公司，才能长期有高的复合增长率。

第三点，避免大幅度的亏损，保住本金主力。

由于复合增长的特点是乘法原则，任何一次大幅度的亏损都可能吞噬掉之前长时间的持续盈利，因此投资人很难从哪怕是一次大的损失中恢复元气。

比如著名投资人 Bill Miller 曾经连续十五年战胜市场，却在 2008 年金融危机中损失 60%，不但损失了之前十几年的全部红利，声誉也毁了。

如果你有 100 万元资金用来炒股，赚了 10 万元，可以把 10 万元继续用来做高风险股票投资。如果你极度看好某一家企业，还可以留下 20 万元市值的股票，你会发现你的盈利从 10%提升到了 100%，不要得意，因为此时股票如果下跌超过了 50%，你还是有可能亏损的。不过，基本能保住本金主力。下行风险小，上行收益大。

第四点，严禁过度下注，否则会陷入万劫不复的境地。

理论上，即使胜算很高的投资，也存在一个最佳投资仓位比例的问题。如果过度重仓，必然是过犹不及，反而获得更低的复合增长率。与仓位不足增速缓慢相比，过度重仓还有更危险的地方，即复合增长进入负值区间，也就是会损失本金。当一个人炒股炒红了眼，把所有家产都押上，包含融资融券的房产抵押，就很容易损失掉所有家当。

在投资界，赔到倾家荡产的多是一些技术不错的老手，利弗莫尔就是其中的一位。利弗莫尔年轻时没有什么资本，白手起家，没有财富保卫战的概念，在股票赌场里混迹多年，养成了重仓下注的习惯。从他的交易经历来看，不论是股票还是棉花与大豆期货，每次都是动用超高杠杆全仓操作。他的天才头脑带来了极高的胜率，成就了资产上亿的传奇伟业；但是动辄以命相搏的交易习惯也令他数次濒临破产。前几次都是因为有贵人相助，利弗莫尔才得以东山再起。只可惜当时还没有出现风险管理的思想。试想一下，如果利弗莫尔将凯利公式与自己的市场天赋结合在一起，结局是否会有所不同呢？但是历史没有如果。利弗莫尔这颗流星闪过星空多年之后，资金管理和风险控制的理论才开始慢慢成型。

因此，投资如果想盈利，牢记以下基于“凯利公式”衍生而来的投资箴言：

- 保住本金；
- 降低波动；
- 下跌扛得住；
- 上涨捂得住；
- 长期投资复利；
- 低成本获取资产；
- 寻找长利机会跑道。

但是呢，凯利公式有一个前提：大数定理。没有这个前提，凯利公式是不成立的。而大数定理的核心是有足够多的投资次数。相对于人的决心而言，时间是最大的不确定性，比如市场行情低谷，很多人都止损或者暂停。时间的信息熵可能高到足以毁灭一切数学投资公式。另外，投资过程中，人性的不确定性也极大地增加了信息熵。

【明斯基时刻】 买不买房、炒不炒股？你得问问它

关注财经新闻的朋友经常会在网上看到“黑天鹅”“灰犀牛”“明斯基时刻”这些词汇。这些词汇听起来似乎很有趣，但它们却代表着金融危机和经济衰退。

2017 年 10 月 19 日，时任中国央行行长的周小川在十九大会议上就表示，中国要重点防止明斯基瞬间时刻出现所引发的剧烈调整。他说，如果经济中的顺周期因素过多，会导致市场过于乐观并造成矛盾的积累，从而到一定时候出现明斯基时刻，这种情况的剧烈调整，是我们重点防止的。

那么，周行长口中的明斯基时刻究竟意味着什么？为什么说明斯基时刻比灰犀牛更可怕？下一次明斯基时刻何时到来？

明斯基时刻，是指资产价值出现崩溃，金融市场爆发危机的时刻，即市场由繁荣走向衰退的转折点。美国经济学家海曼·明斯基认为，好日子的时候，投资者敢于冒险；好日子的时间越长，投资者冒险越多，直到过度冒险。一步一步地，投资者会到达一个临界点上，其资产所产生的现金不再足以偿付他们用来获得资产所举的债务。投机性资产的损失促使放贷者收回其贷款，从而导致资产价值的崩溃。

明斯基时刻描述了经济体即将出现大厦将倾的转折点。以股市为例，明斯基时刻到来前一般会经历这样三个阶段：

阶段一：牛市开启前的酝酿阶段。

两年前，股市处于长期的估值低位，加上宏观政策面的支持，这个时候可谓炒股的黄金期。可以说，买到就是赚到。如果你敢卖房炒股，那你一定能实现财务自由。

阶段二：牛市稳步上涨阶段。

这个阶段，股价稳步上升，开始出现一点泡沫，越来越多的人被股市的赚钱效应吸引，那些卖房炒股、借钱炒股的人都是这个时候进来的。

阶段三：牛市最后的疯狂阶段。

股市的财富效应让人疯狂，市场的泡沫不断积累，处于明斯基时刻爆发的前夜。这时候再进场买股票，风险也就越来越大。

设想一下，当股指突破 5000 点的时候，市场开始出现剧烈的下跌，明斯基时刻到来。这时，你根本来不及抛售手中的股票，因为市场中每个人都想抛掉手中的股票，A 股是撮合交易，没人接盘，股票就会砸在手里。如果这时你还坚持卖房炒股、借钱炒股、那只能棉袄进去、大裤衩出来了。

日本 1990 年的股市泡沫教训依然深刻。

了解了明斯基时刻发生前的三个阶段后，我们再来看看当前这个阶段，周行长所担心的明斯基时刻，可能会在哪些领域出现呢？首当其冲的肯定是房地产市场。一直以来，中国楼市从不缺乏唱空的声音，但房价却只涨不跌，这是因为中国老百姓一直把买房看作是一种储蓄的转移、一种稳赚不赔的投资品种。但是唱空者们所提到的诸如人口结构、经济放缓等长期利空房产的因素也需要考虑，特别是许多买房者的购房资金都是从银行借来的。

此前海通证券的数据显示，2015 年的居民新增总贷款为 4.6 万亿元，到 2016 年上升到 7 万亿元，2017 年达到 8 万亿元左右。全民举债下，中国地产市场进入了一轮超级繁荣周期。2015 年的地产销售金额仅为 8.7 万亿元，而 2017 年达到大约 13.2 万亿元，累计增长超过 50%。这或许正是 2017 年地产股表现强势的主要原因。

无独有偶，2017 年，港股创下 2007 年以来新高；欧洲和日本股市也暴涨超过 15%。股市的异常上涨，各种金融风险也在不断攀升，一旦平衡被打破，明斯基时刻可能就会不期而至。

美银美林当时就警告市场出现了“非理性繁荣”，可能给市场带来灾难。

《孙子兵法·九变篇》说到过：“智者之虑，必杂于利害。杂于利而务可信也，杂于害而患可解也”，这对于预防明斯基时刻，提供了“道”的启示。

【价值投资】 不要再跟庄家玩了，这才是散户的归宿

2019年伊始，A股市场突然开启了一波凌厉的涨势，周线强劲收出的四连阳，让不少散户大呼牛市又来了。从A股新增开户数来看，酝酿了两年的“小散”们确实开始大规模入市了。这次，他们目标只有一个，那就是“价值投资”。

银行股是毫无争议的绩优股，刚巧彼时是价值被低估的板块，于是我们看到一向少有资金关注的银行股大面积爆发。表现亮眼的建行、工行股票，年初至今涨幅已经超过20%，工行总市值突破2.7万亿人民币，超过了摩根大通，重夺宇宙第一大行的宝座。随着监管机构频繁提到价值投资，加上媒体的持续报道，散户们对价值投资趋之若鹜，似乎一下子找到了战胜庄家的法宝。

那么，到底什么才是价值投资？价值投资的精髓是什么呢？

所谓价值投资，就是要选择优秀的上市公司，并且长期持有股票，追求上市公司的经营业绩，以分享上市公司的利润为投资目标，而不是通过短期炒作来获得投机价差利润。

提到价值投资，不得不提格雷厄姆。1934年，本杰明·格雷厄姆和戴维·多德出版了经典著作《证券分析》，阐述了价值投资的理念和财务分

析方法，开创了价值投资这一理念。到1949年，格雷厄姆又出版了价值投资的另一本经典著作《聪明的投资者》，进一步补充和充实了价值投资的核心思想。

一般来说，遵循价值投资的理念，在投资组合构建后的第一年里，收益率都不会很突出，当然也不会令人失望。但是在接下来的时间里，差别开始加大。到第五年，价值投资带来的财富效应才显现出来。因此，价值投资策略要想获得丰厚的回报，在买进股票时就要有足够的耐心，需要等待几年的时间。

很多人炒股为什么不挣钱呢？原因很简单，股票市场一直在上下波动。很多时候，你一买入，股票就开始下跌，在人性贪婪和恐惧的作用下，散户投资者往往陷入追涨杀跌的恶性循环中。

其实，金融市场波动规律，对于人类是一个极具挑战性的世界级难题。目前主要的投资分析方法——基本面分析和技术分析，都不能精准预测金融市场走势。从这个角度来说，价值投资是最适合散户的一种投资方法，价值投资玩的不是零和博弈，不用担心被庄家割韭菜，只要持有足够长的时间，散户赚钱的概率也不比很多机构差多少。

那么，问题来了，根据价值投资的定义，要想进行价值投资，首先你要选一只好股票，并且是不要被高估的。

怎么选呢？

其实也没有多深奥。"面膜"觉得选好股票，其实就是选好公司。

首先，上市公司一定要赚钱，不赚钱不要，比如这两年大涨的白酒和家电股都是赚钱能力很强的股票。那些靠内幕、靠重组、靠题材上涨的股票，最好不要碰。接着，要选安全边际高的股票，也就是那些在同行业的股票比较中，资产质量比其他公司优秀的股票。比如茅台为什么受欢迎，和它良好的净资产是分不开的。最后就是要看估值，这是价值投资最重要，也是最难的一部分，主要就是要便宜买好货。因为有些上市公司很好，很赚钱，但是股价涨太多，估值已经过高，透支了未来的上涨空间，这样的股票也不适合价值投资。

评价一只股票值多少钱是一件很难的事情，甚至很多机构也不能准确判断一家公司的估值，这个时候，作为普通投资者来说，需要具有概率思维，也就是说，这家公司可能大概率值点钱。例如前几年的白酒行业，我们不经过复杂的计算也知道，像茅台、五粮液、洋河这样的公司股票，买了也不会亏到哪里去的。

巴菲特说过，百万富翁其实没有什么秘密，尽量简单化投资，不要太复杂。只要自己想一下哪些东西是有道理的，具备坚定的思维，不要担心短期市场波动就可以了。

或许这就是价值投资的精髓吧，但能坚持下去的却寥寥无几。

【金融 AI】 散户摆脱“韭菜”命运就靠它了?

提起人工智能,很多人会想到 AlphaGo 横扫众多世界顶尖围棋大师,还有施瓦辛格扮演的终结者这样的科幻机器人。是的,从 AlphaGo 在围棋领域的胜利,到无人驾驶汽车以及人脸识别等新生事物中,人类看到了机器智能的过人之处,同时也感受到人工智能带来的巨大压力。

钢铁侠马斯克就预言,人工智能是人类文明最大的威胁,顶级物理学家史蒂芬·霍金也警告说,人工智能可能致使人类文明的终结。

“面膜”觉得,这些担忧不无道理,不过短时间内人类不但不会被机器人取代,而且还能造福人类,比如目前火热的金融 AI。

金融 AI 是 AI 应用的一种,可以这么理解,AI 是通过机器学习算法来学习用户的习惯偏好。用户用得越多,AI 对用户就越了解。

比如说苹果手机里的 Siri,就是专门为了获得用户偏好而设计的,基于用户行为规律的识别和反馈的处理来看用户每天的行程安排。亚马逊的首页也用了 AI,根据用户的购买记录来推荐首页展示的商品。

而金融 AI,简单来说,就是用 AI 的手段和方法来解决金融领域的问题。目前,人工智能在金融业的应用主要是风控及反欺诈、精准营销、智能投顾和智能客服四个方面。

其中,使用 AI 算法用于金融市场交易,也就是智能投顾,是最近炒得非常火爆的概念。

智能投顾诞生于 2008 年,2011 年在美国市场显著加速发展。从国外机构来看,Vanguard、Charles Schwab 是较早布局智能投顾的传统金融机构。目前规模也最大。除此之外,2016 年以来,德意志银行、TD Ameritrade、美银美林、高盛等大举进入智能投顾领域。其中,高盛 600 名交易员如今只剩 2 人,其他岗位全部被 AI 机器人取代。

国内有一些传统的金融机构,利用智能投顾使用机器学习算法对金融市场的历史数据进行分析、迭代,来预测未来股价的走势。

比如,近几年来,邻域算法就是机器学习常用的算法之一。这一算法可以应用于信用卡产品的精准营销上,基于海量信用卡交易信息,推算所有 POS 机的位置,以此构建每个用户的消费轨迹,为精确进行用户画像、个性化推荐、商圈营销等提供依据。这种算法也可以用来判断股票走势,通过找到合适的 K 值,从而确定一只股票属于强势、中等还是弱势中的哪一类。不过,到目前为止,人工智能在炒股领域还无法超越人类。比如谷歌 AlphaGo 在 A 股蛰伏 36 个月,在 2018 年 4 月宣布退出 A 股市场,铩羽而归。

人工智能在金融领域的另外一个应用是智能客服。目前,已经有众多的金融机构开发了基于 AI 的智能客服。例如北欧联合银行已经推出了名为 Nova 的基于 AI 技术的聊天机器人和虚拟助理,这位 AI 小助理已经开始投入网点服务。目前这款虚拟助理能够顺畅地理解挪威语,并回答与养老金和保险业务相关的问题,如果遇到它无法理解的问题,还会推荐一位人工客服进行回答。

从全球范围来看,人工智能领先的国家主要有美国和中国等。截止到 2017 年 6 月,全球人工智能企业总数达到 2542 家,其中美国拥有 1078 家,占据 42%;中国排名第二,拥有 592 家,占据 23%,且人工智能领域涉及到的大数据人才,公开媒体资料显示中国占有全球的几乎半壁江山。当然,人才数量只是一个维度,并非全部,人才质量的重要性绝不比数量重要性要差。

需要说明的一点是,人工智能与人工之间的界限正在变得很模糊,人工智能小汽车是无人驾驶的,但是传统汽车的定速巡航技术已经不需要人工控制车速了,人工智能和人工会逐步融合并贯通。刻意把 AI 单独拎出来发展而脱离具体的产业场景，肯定是南辕北辙的，AI 只是新时代的一种新型基建，跟传统的水、电、煤、网并无本质差异。

然而，金融 AI 距离能真正创造价值的道路还很漫长。2016 年 11 月，瑞士银行巨头瑞银集团（UBS）在英国推出了自己的智能投顾平台 Smartwealth。虽然在过往的两年里，Smartwealth 取得了不错的成绩，但是通过各种考量测评，UBS 认为该智能平台的潜力有限，并宣布就此关停这一平台。

中国企业对人工智能在金融领域的应用情有独钟。

【期货】 又一位大佬跳楼，期货交易到底有多残酷？

金融圈内跳楼率最高的是期货行业。若论专业知识素养，从现货商品上、中、下游产业链供需结构到期货合约持仓分析及多空双方的心理博弈，从对全球化宏观、微观的经济观察再到对各地产业政策的调研，期货从业人员具备的这种全方位的知识结构和心理素养完全能碾压众多金融其他行业从业者。

但是，期货大佬跳楼、违法被批捕、宣布破产的声音不绝于耳。2017 年国庆节前后，一位橡胶圈期货大佬的纵身一跃让金融界唏嘘不已。

人们不禁反思，期货到底是什么？它到底有什么魔力？为什么让这么多的期货大佬走上了不归路？

期货，是以某种资产为标的的标准化可交易合约。

这个标的物可以是某种大宗商品，例如黄金、原油、农产品，也可以是金融工具，如股票、债券。

值得注意的是：期货有统一交易的地方——交易所，对期货的交割时间、地点、数量、质量都有了详细的规定，所以不用怕交易对手方跑路，也不怕商品不够分量或者是过期的。

那期货怎么赚钱呢？

简单来说，期货就是赚买卖的差价的钱，举个例子：

小麦价格目前每吨是2000元，老王认为价格将要下跌，于是他在期货市场与买家签订了一份合约，约定在3个月内，老王可以随时以每吨2000元的价格卖给买家10吨小麦。

1个月后，小麦价格每吨跌到了1600元，老王决定从市场上买入10吨小麦，然后按照约定的每吨2000元的价格将小麦卖给买家。

一买一卖之间，老王每吨就赚到了400元的差价。

历史上最早的期货市场是江户幕府时代的日本。

由于当时的米价对经济及军事活动会造成很重大的影响，所以米商会根据大米的生产以及市场对大米的期待而决定库存大米的买卖。

期货只需要交一部分保证金就可以交易，因此具有杠杆性，正是因为这个杠杆，期货可以让你一夜暴富，也可以让你瞬间破产。

所谓的杠杆，相当于说我有10元当保证金，别人再借给我90元，那我就有了100元可以进行交易。这样我买的物品涨跌都是原来10元的10倍，这就是10倍杠杆。

当然，致命点就是如果物品跌了10%，虽然账户里还有钱，但是我的10元钱就全赔出去了，就会被强制交割清仓，游戏也就结束了。

不管是炒股票还是做期货，碰上杠杆，哪怕你权势滔天、身家百亿，也有可能一脚踏错，满盘皆输。许多大佬都倒在这个杠杆上，比如上面说到的几位，说到底，还是人性的贪婪所致。

一个优秀的投资者，首先要做到的就是顺势，对于一线的交易员来说，顺势很关键！如果做不到，不管做什么行情，肯定是要亏损的。比如说做15分钟图形就看15分钟，那么15分钟上面和下面可以找一些共振点，来进行有效的防守。

然而，“面膜”想说的是，自有期货市场以来，就没有任何人能百战百胜，也没有任何一种分析工具能次次灵验。在这个市场上，既没有常胜的将军，也没有常败的士兵。因此，投资者还需要保持一颗淡定的心。

期货投资，与其说是技术，不如说是艺术；与其说是赌博，不如说是拼搏；与其说是做盘，不如说是做人。每一笔交易都透射出人性的色彩，品性的可贵。

如果你选择期货交易这条路，那就注定是一个不断努力、不断坚持、不断学习的一生，而且这种努力、坚持与学习还不一定能使你终身成功。

在这里，“面膜”想跟大家分享一段话：竹子用了四年的时间，仅仅长了3厘米，从第五年开始，以每天3厘米的速度疯狂成长，6个月的时间长了15米。其实在过去四年里，竹子将根在土壤里延伸了数百平方米。其实做人做事也是如此，不要担心你此时此刻的付出得不到回报，这样的付出都是为了扎根，人生需要储备，但是多少人能熬过那3厘米呢？

“面膜”是不建议投资小白触碰期货的。

【可转债】 可转债的羊毛应该怎样薅?

2018年下半年A股表现一直不愠不火,可转债申购却出现了前所未有的火爆局面。

究其原因,是由于2018年9月份之后,申购方式从此前的资金申购变成了信用申购。也就是说,无须市值、不占用资金、零成本即可参与申购,引发了散户投资者的热情。

相对应的,自2019年2月份再融资新规发布之后,可转债发行数量也出现了井喷。今年以来,发布可转债发行预案的上市公司超过120家,远远高于往年。部分上市公司甚至放弃定向增发方案,转而使用可转债进行融资。

伴随着市场的火爆,媒体上也出现了两派不同的声音。有些老司机认为可转债申购是没有任何风险的,散户大可放心参与;有些媒体则认为大股东将可转债当成了套利的工具,投资者应当注意其中的风险。

理性的投资者到底应该如何看待其中的风险与机遇,我们可以先从可转债的本质讲起。

可转债是一种可以在特定时间、按特定条件转换为普通股票的特殊企业债券,具有股性和债性的双重属性,是一类风险较低、流动性比一般债券强的产品,具有攻守兼备的特点。

对发行方来说，由于包含了转股的权利，可转债利率比一般企业债更低，能够降低企业的融资成本，如果转股的话更是没有偿债压力。

对投资者来说，可转债则是在保障本金相对安全的同时，留存了博取更高收益的机会。

如果市场环境与公司业绩配合，股价出现上涨，可转债价格也会水涨船高，投资者可选择直接卖出或将其转换成股票，获取较高的利润；而即便股价暴跌，可转债价格也会跟着下跌，到期后至少上市公司会向投资者还本付息。虽然利息可能低于理财产品，但下有保底、上不封顶的可转债，市场风险明显低于股票。

投资者需要注意的是，风险低并不等于没有风险，新股可以破发，可转债同样也会。

例如 2010 年的中行转债。当时市场走势疲弱，大量参与打新的短线资金夺路而逃，于是在市场中形成了“踩踏”。尽管可转债中 80 多元的纯债价值加上隐含的期权价值理应超过 100 元发行价，但是在悲观的情绪下，首日破发也不是没有可能。

随着市场炒作热情的逐渐降温，可转债上市首日涨幅已经从平均 20% 左右回落至 5% 以内，小康转债、嘉澳转债等多只可转债也曾阶段性跌破发行价。所以一般而言，参与可转债打新的价值并不大。

不过申购到一手可转债，成本不过千元，在最极端的情况下，即便跌到只剩债券价值，总共亏损也不过 100 多元。所以如果看好公司的前景，申购并不会带来太大的风险。如果回落到 90 元附近，更是逢低布局的良机。

其实很多“老司机”都知道，99% 的可转债在到期日之前都达到过 130 元上方，或许当大部分投资者的热情退却之后，才是可转债真正具备投资价值的时机。

不过需要说明的是，纵然可转债投资品种有诸多优势，但是可转债标的一般都是中小票公司，白马股企业极其罕见，因为这种“进可攻，退可守”的投资方式相比纯债，会让利更多给予投资者。优质的企业，其融资选择的途径众多，是不大可能做的，且可转债其实股性很强，风险亦相当大。投资者要慎重选择。

【风险平价理论】 你真的看懂桥水基金了吗?

提到风险平价理论,可能很多国内的投资者并不太了解。而提到达里奥和他的桥水基金,则是投资圈里让人膜拜的神话。只不过很多人没有留意,达里奥的风险平价理论,其实是一套与巴菲特的价值投资齐名的投资哲学。

1975年,被公司解雇的达里奥在自家的两居室中创立了桥水基金。经过40年的发展,一举成为全球头号对冲基金,达里奥的个人净资产也达到了170亿美元。

不过让达里奥最引以为傲的并不是身价暴增,而是自己花了25年才完善的投资哲学——风险平价理论。金融畅销书作者Tony表示,"当寒冬的萧瑟开始敲打每个投资者,唯独基于风险平价制定的全天候策略,能让你在这极寒中自在享受溜冰、滑雪和热巧克力"。

有人说"理论一经群众掌握,就会变成巨大的物质力量",要想喝到达里奥的"热巧克力",看来得先从"风险平价理论"的概念入手。

风险平价理论,是指如果能够在股票、债券、商品和其他投资标的上平均分配风险,投资者就可以令投资组合多元化,也能够在降低风险的同时取得更高收益。

与大部分投资机构不同，达里奥认为应该主动配置风险，而不是资产，把风险放在了最重要的位置上。例如，当经济强劲增长、伴随通胀时，股票与大宗商品表现最佳，国债面临下跌风险；而通货紧缩和经济衰退共同出现时，债券的表现最好。由于考虑到了各种可能的情形，桥水基金的表现一向以稳健著称。

30 年的历史数据显示，使用风险平价策略在 86%的年份都能实现盈利，即使在亏损的时候，平均回撤也仅有 1.9%。特别是在 2008 年次贷危机发生后，最大回撤也没有超过 4%，远低于标普 500 指数 37%的跌幅。

如此优秀的业绩背后，很少有人知道，达里奥的投资哲学竟然起源于一次错误的判断。

1971 年，美元不再能够兑换黄金，达里奥认为纸币美元将不再具备坚实的信用后盾，故判断股市会暴跌。然而第二天道琼斯指数却大幅上涨，这让达里奥彻底失去了预测市场的信心。

经过多年的思索，达里奥终于明白，宏观经济是一部极为精密的机器，预测宏观事件的结果本身就几乎是不可能完成的任务，更何况有时预测对了事件，市场反而向相反的方向运行。于是达里奥不再猜测宏观形势，转而研究如何配置资产，才能应对各种可能出现的经济形势。

从本质上讲，桥水基金其实是将资产分成了股票、债券、大宗商品基金等几个部分。看似主动放弃了追求超额收益的机会，却换来了超乎寻常的稳定性。

不过对普通投资者来说，就算是看透了达里奥，也很难在投资中使用风险平价的策略。首先是因为桥水基金采用了给债券加杠杆的方式，放大了债券投资的波动，这一点在个人投资者身上很难实现。其次，桥水在债券、股票、大宗商品等各个领域汇集了大量专业人才，却只追求稳定的收益。这种中庸的投资理念，或许才是桥水基金真正的致胜之道。

桥水基金在国内金融市场的威力是要打折扣的，原因是其主要受制于金融资产投资标的范围和金融衍生品还不是很丰富，比如做空工具相当匮乏，比如债券是不能加杠杆的，等等。

【戴维斯双击】 怎样寻找下一个贵州茅台?

在白酒行业,茅台是中国酒业的骄傲;在A股中,茅台则是价值投资的典范。也许是极度看好贵州茅台的投资价值,坚定的价值投资者总是喜欢用茅台的股价立下赌约。

2018年5月,东方港湾总经理,也是投资界的名人但斌曾在微博表示,茅台2018年底之前能上600元,并愿为此赌上一个亿。虽然对方并未应约,但随着10月下旬茅台股价突破600元大关,但斌至少能收获不少价值投资的粉丝。

另一位投资资深人士董宝珍就没有这么幸运。2012年,重仓茅台的董宝珍与人打赌"如果市值跌破1500亿就裸奔",不料在疲弱的大市和整治三公消费的影响之下,茅台股价一路下跌,最终不得不认赌服输。

不过对大部分股民来说,但斌的"一个亿"和别人去裸奔跟自己并没有太大的关系。如今6万元资金额以下的个人投资者在A股中占据一半比例,以茅台彼时600元甚至高点1000元左右一股的价格计算,半数投资者已经买不起一手茅台的股票了。对大部分人来说,弄清楚茅台暴涨背后的逻辑,寻找下一个茅台,才是更有意义的事情。对此,我们可以从"戴维斯双击"的概念开始入手。

戴维斯双击，是指在市场低迷时，以低市盈率买入具备成长潜力的股票，待其成长潜力显现之后，在市场高涨时再以高市盈率卖出，获取每股收益和市盈率同时增长的倍乘效益。

20 世纪 50 年代，在美国纽约州保险公司任职的戴维斯发现了保险股的巨大潜力，于是大量买入。10 年后，首先是由于市场对保险股的估值从 4 倍上涨到了 20 倍，其次是业绩从每股收益 1 美元上涨到 8 美元，最终戴维斯总共获得了 36 倍的投资收益，实现了完美的戴维斯双击。

回到 A 股市场，2013—2014 年，贵州茅台的市盈率长期徘徊在 10 倍左右，利润增速降至 10%以下，此时茅台的股价也回落到了 100 元下方。

近两年随着白酒市场的回暖，白酒板块的市盈率普遍提升到了 20 倍以上，即使业绩没有变化，股价也应有 1 倍以上的涨幅；而 2018 年茅台的季度利润增速超过了 60%，又大大超出了市场预期，紧接着 2019 年 3 月 29 日发布的茅台财报显示，毛利率 91.1%，净利率 47.8%，再次刷新市场预期。所以股价超过 6 倍的涨幅，可以视为市盈率提升与业绩暴涨的共同影响，即戴维斯双击的作用。

如今，贵州茅台的估值已经回到了 20 多倍，业绩的暴增也包含了下季度发货额度的预支，未来即使还有空间，至少戴维斯双击的影响已经退居其次了，理性的投资者应当能够权衡其中的风险与收益。

其实在现实投资中，事后解释永远比提前预测简单得多，那些真正能够在投资中实现戴维斯双击的投资者，无不是勘透了行业发展的规律，才敢于在众人离场的估值低点逆势加仓、在股价的狂欢中保持清醒。在套路盛行的 A 股市场中，了解这一点显得尤为重要。

股市投资的玄机在股市之外。

【周期性行业】 是“双十一”引发了“洛阳纸贵”？

西晋泰康年间，文学家左思的作品《三都赋》引得众人争相传抄，一时间纸价疯涨，留下了“洛阳纸贵”的佳话；昔日电商行业促销、让利活动不断，无数网民争相“剁手”网购，一时间纸箱供不应求，造纸行业景气重现，“洛阳纸贵”的情形似乎又将出现。

据一份电商报告显示，2018 年 4 月以来，纸价就进入了上行通道之中，8—9 月份纸价突然提速上升。加之“双十一”“双十二”产生的巨大需求，造纸行业的景气复苏似乎还没有到头。

那么这轮纸业的景气复苏具备持续性吗？电商网购又在其中起到了多大的推动作用？要解释这些问题，我们首先需要明白“周期性行业”这个概念。

周期性行业，是指和经济周期相关性较强的行业，其最大的特征是产品价格呈周期性波动。一般情况下，行业内公司的产品差异性不大、品牌相对弱化，所以公司的盈利状况也会随着产品价格呈周期性波动。

回顾造纸行业的发展历程，可以发现纸业的周期性波动特征非常显著。2000 年之后，国内造纸行业曾经出现过一轮景气增长，纸板消费量以每年 10％～20％的速度递增。然而从 2007 年开始，造纸行业就出现了供大于求的局面，行业的景气程度应声回落，并在低谷蛰伏达10年之久。

自2016年下半年开始，造纸行业逐渐从低谷中走出，这自然不是一个“双十一”就能够解释清楚的。从行业的供需状况可以看出，本轮纸业的景气复苏，是天时、地利、人和共同作用的结果。

说到天时，当属国家政策。在雾霾和水资源污染的压力下，治理三高产业、推动经济转型是大势所趋。大量不符合环保要求的中小纸业公司已经被迫停产，行业无序扩张的一幕应该是不会再现了。

在行业上则出现了地利的局面。多年的市场低迷，促成了行业集中度的提升。如今国内绝大多数造纸产能集中在晨鸣、太阳、山鹰、联盛等巨头手中，为数众多的中小造纸企业市场占有率不足两成。事实证明，当巨头们掌握了定价权，抱团涨价就成了常态。

最后，电商的物流爆发从需求端为行业带来了人和。如今网购的火爆程度自不必说，随着“双十一”“双十二”等电商购物节来临，日均十亿包裹的需求还将强力刺激市场。

了解周期性行业的意义就在于，当新周期出现，就不会轻易结束。纸业板块飙涨的股价也告诉我们，不要轻易放弃那些被称为“夕阳产业”的公司，特别是当它恰好处于周期性向上的时候。

【壳资源】 资本大佬折戟中科招商

远有顺丰快递，近有360，A股市场中从来就不缺"借壳上市"的神话。而提到借壳重组，就不得不提精通此道的"公募一哥"。

2017年12月15日晚间，新三板市场发布公告，由于"管理收入占比不达标的原因"，中科招商（证券代码：832168）将被强制终止挂牌。而这家新三板公司的最独特之处就在于它极度的热衷于壳资源炒作，也正因为如此，它也吸引了一哥的关注。

三季报披露的数据显示，一哥旗下的一只私募产品持有中科招商1.38亿股，位列该股前十大股东的第十位。

到底中科招商的退市会对市场和一哥这样的投资者造成什么样的影响？我们首先需要了解一下"壳资源"的概念。

"壳资源"，是指某些股份制公司的股票具有在二级市场流通的资格，但由于业绩不佳，导致市值不高。而其他想上市却无法获批的公司，此时可通过股权收购等手段成为这些上市公司的大股东，再注入相关资产，实现曲线上市。也就是所谓的"借壳上市"。由于A股尚未有成熟的退市制度，所以"借壳上市"屡屡被炒得漫天飞扬。

通俗一点讲，将股票市场比喻成菜市场，上市公司就是里面的摊位，经营不善的摊位就是“壳资源”。只要摊位有限，那些经营不善的“壳资源”同样会受到买家的追捧。股市亦大抵如此。

在采用准入制度的A股市场中，“壳资源”常被拿来炒作的最大原因就是供不应求的资源稀缺性。上市公司的上市资格成为政府授予的垄断权力，拥有这种资格即可获得垄断收益。

即便上市公司由于种种原因没落成为“壳”公司，被重新利用后仍能够为借壳者带来巨大的收益。无论是提升知名度，还是进行资本运作，都是非上市公司梦寐以求的。

但彼时，随着注册制推出延后和“十三五”规划中战略新兴板的删除，“壳资源”的价值重新受到重视。疯狂囤“壳”的中科招商总市值一度高达1330亿元，成为资本市场中名副其实的“壳王”。

然而天下无不散之筵席。2016年下半年开始，随着中小板与创业板一路下挫。囤积了大批中小市值股的中科招商也一落千丈，总市值从1330亿元大幅滑落至138亿元，摔下了资本的神坛。

雪上加霜的是，随着减持新规的发布，“壳资源”市场的监管开始加强，即便中科招商已经下定了清“壳”的决心，但甩掉大把的“壳资源”也是一个漫长的过程。

对于已经在中科招商上阶段性亏损近八成的一哥来说，退不退市或许早就无关大局了。

换个视角来看，此次中科招商的退市，未必不是一件好事。或许在不远的将来，那些站在路口坚持不闯红灯的行人，也不用再纠结了。

【REITs】 二房东手中的“王炸”

近年以来，随着“租售同权”的提出和各项利好政策的释放，我国长租公寓发展进入了新格局，而长租公寓成为新晋“网红”后，有个词也火遍了地产界，它就是 REITs。

读到这，许多朋友一定蒙了，REITs 到底是什么？

REITs 的中文名叫房地产信托投资基金，属于资产证券化的一种方式，是通过把一些收取租金或者利息的地产打包证券化在市场上融资的一种手段，具在增强融资能力、提高资金收益率方面的效果明显，被认为是租赁市场发展的一项关键性政策。

从其定义来看，不难发现 REITs 实际上是一种募集社会大众资金，是由专业机构管理并定向投资于房地产行业的基金。

举例来说，“面膜”开了一家小精公寓，以前都是自己独立经营，拥有小精公寓 100%的所有权。

但是经过一位金融圈朋友的点拨，小精公寓还可以通过 REITs 变现。

具体是这样的：小精公寓有 100 间房子，每间房的月租金是 2000 元，小精公寓一年的租金就是 100×2000×12＝240 万元，五年的租金收入就是 1200 万元，这样“面膜”就可以用公寓租金收入作为基础向投资者募集资金，这个过程就是 REITs。

钱拿到了,“面膜”就可以去租更多的房子,也可以收购其他公寓企业,扩大市场份额,还可以招聘更多的运营人员、更多的销售人员,让小精公寓更好、更快地发展壮大。

现在大家明白了吧,REITs 就是企业募集资金的一个渠道。当然对于 REITs 的投资者来说,他们可以获得稳定的利息收入,可谓互利共赢。

REITs 发源于美国,截至 2016 年底,全球 REITs 的总市值已达 1.8 万亿美元。北美约占全球 REITs 市值的 60%;香港 REITs 市场市值接近 300 亿美元;新加坡 REITs 市值约 480 亿美元。

REITs 在国外住房租赁市场得到广泛的应用。据“面膜”了解,国外的公寓运营商基本都是上市的公寓 REITs 基金,有效盘活了社会的闲置资金。

但在国内,REITs 的推进则较为缓慢,目前我国还缺乏针对 REITs 产品的法律法规,一直没有标准的 REITs 产品,只有类似的 REITs 产品。

值得关注的是,随着我国长租公寓的快速发展,推出住房租赁 REITs 的呼声越来越大。10 月 13 日,国内首单长租公寓资产证券化项目获得批准。

据深交所网站信息,“新派公寓权益型房托资产支持专项计划”已正式获批发行,拟发行金额为 2.7 亿元。

这为国内住房租赁市场开展资产证券化和 REITs 起到了引领作用。

与美国的出租公寓市场相比,中国的公寓租赁市场既没有低成本融资的优势,也没有高租金回报的优势,在过去十年中,中国的公寓市场都处在租金回报低于融资成本的时代。

如果国内 REITs 得以放开,那将成为公寓经营者手中的“王炸”,长租公寓的运营者借助 REITs 来募集资金,不仅能够大幅降低融资成本,还能改变过去重资产投入的模式,从而实现规模化扩张,中国长租公寓或许会迎来最佳发展时期。

这里需要说明两点,一是除了立法问题以外,中国人根深蒂固的“房子等于家”的观念,也是长租公寓发展缓慢的因素;二是 REITs 基金投资回报虽然稳健,但是从其收益归因来看,收益率也不会特别高。

【投资组合理论】 为什么豪车更容易出事故?

很多开车的朋友都发现这样的规律,越是好车,反而越容易出事故。特别是法拉利、兰博基尼等品牌的豪车,更是容易成为重大车祸的主角。从制造商的角度而言,豪车出事故,未必是车的原因。很多豪车制造商的技术储备,都来自 F1 赛场,不论是车身结构还是动力匹配,精细化程度都远高于普通民用车型。也就是说,事故的原因,主要来自于驾驶者本身。

其实交警历来查获的"飙车王",驾驶的基本都是豪车。在提供充沛动力输出的同时,豪车也对驾驶者提出了更高的要求。同样的,在资本市场中,大幅波动的股票,不也可以看作是普通投资者难以驾驭的"豪车"吗?如果选择了自己无法驾驭的资产,"翻车"也是早晚的事情。

如果想知道自己在资本市场中适合什么样的车型,马科维茨的资产组合理论是很好的切入点。

投资组合理论认为,理性的投资者总是选择同等风险程度上收益预期最大的证券组合,或者是同等收益水平上预期风险最小的证券组合。"不能把所有鸡蛋放在同一个篮子里",不仅是指投资多家不同的股票,更是要分散在股票、债券、房地产、黄金、大宗商品等多个领域。

根据投资组合理论,如果投资者愿意承担的风险小于市场组合,就应当留出一部分仓位配置低风险品种，如债券、货币基金等；当投资者能够承担的风险高于市场组合，就可以用加杠杆的方式，如融资和期货交易，来获得更高的预期收益。

看似简单的风险与收益相匹配原则，却隐含着严密的数学逻辑，折射出投资市场中的人性弱点。很多投资者期望获取高额的收益，却主观不愿或者客观不能承受相应的风险，因而在市场中备受折磨。这如同一个缺乏经验的普通司机，却坐在了超级跑车的驾驶位上，后果就可想而知了。

事实上，关于马科维茨和他的投资组合理论，还有一段不为人知的小插曲。在博士论文答辩中，货币学派大师弗里德曼教授曾经质疑，“马科维茨做的研究既不是经济学，也不是工商管理或数学”。没想到后来马科维茨不但获得了博士学位，还于1990年获得了诺贝尔经济学奖。弗里德曼终于恍然大悟，这不正是现代金融学的开端吗？

纵观当今国内外投资大师，虽然风格迥异，却无不符合投资组合理论的经典原理。心态强大的索罗斯喜欢速战速决，总是在关键战役中动用超高杠杆；不爱冒险的达里奥稳扎稳打，依靠复利同样将桥水打造成一流对冲基金。

所以再回到开头的问题，当超级跑车与家用车同时摆在你的面前，你一定知道该如何选择了。用超级跑车玩漂移固然爽快，然而对非专业驾驶者来说，高速过弯的后果却很有可能会方向失控甚至造成意外。同样，对风险承受能力有限的普通投资者来说，用部分仓位配置低风险的投资品种，才是更加理性的选择。

【缩表】 缩表来袭，你感受到来自美国的寒意了吗？

在全球经济联系日益紧密的当下，投资者不但要关注国内的重大财经事件，也要对影响国际经济形势的重大事件有所了解。

北京时间2018年9月21日，美联储有关"缩表"的决定，成了各大财经媒体关注的焦点。据统计，美联储之前总共进行过6次缩表，每一次都会对其他国家的经济产生巨大的影响。

那么投资者应该如何应对这次缩表？我们就从它的概念开始讲起。

缩表，就是缩减资产负债表。此前美联储虽然已经停止了量化宽松，但仍然保持对到期债券的继续投资，所以资产负债表一直保持稳定。如今进行缩表，就是对到期债券的购买量进行缩减。

2008年美国次贷危机发生之后，美联储向商业银行购买了大量的国债和住房抵押债券，被媒体称为"坐在直升机上撒钱"。多年下来，美联储资产已经达到了4.5万亿美元的天量，资产负债表极度臃肿。随着美国经济的复苏，如果不将市场中多余的资金收回，不但会推升资产泡沫，而且会积累更大的风险，所以缩表只是早晚的问题，市场也对此早有了预期。

相对于4.5万亿美元的资产负债表规模，美联储每月100亿美元的缩表计划可谓小心谨慎。特别是在初期，明显是信号意义大于实质。不过缩表毕竟意味着美国的货币政策全面转向了紧缩，投资者对此也不可掉以轻心。

在资本市场中，流动性一直扮演着十分重要的角色，2008 年和 2010 年美联储的两轮量化宽松，都对 A 股起到了强劲的支撑作用。而如今流动性的转向，是所有投资者不得不面对的现实。

美联储缩表之后，市场中多余的美元逐步被收回，美元将变得越来越贵，国际资本就更加容易从其他国家流入美国，去追逐美元资产。从之前的经验来看，2000 年美联储缩表后，我国的资本流出压力就骤然增加。而 A 股也陷入了长达 4 年的低迷之中。

相比 2000 年左右，2019 年的 A 股无疑已经更加成熟，但远非一个完善的市场。也许越是在这种情况之下，我们越是要看清楚自己手中的股票。当流动性的潮水退去，我们才会发现谁是沙滩上的宝石，当然，也会发现不少裸泳的人。

【股指期货】 再次松绑会有何影响?

有一个国家:它做到了世界第二大经济体,它的股指期货被新加坡抢推,它的期指随后做到世界第一,它的股市因为泡沫过大崩溃,它的专家开始指责股指期货,它出严厉措施全面封杀期指,它的市场再度被新加坡抢占。这就是20世纪80年代的日本。

不过,在两年前的A股市场,也曾经出现过因为暴跌而限制股指期货交易的情形,虽然政策面有逐步松绑的迹象。时至今日,股灾的阴影犹存。所以,当2017年9月15日松绑股指期货的消息出来之后,A股又出现了一波不大不小的恐慌。2019年上半年也有类似股指期货松绑的消息。

那么股指期货松绑究竟会对股市产生怎样的影响,投资者又应该如何应对?接下来我们就从它的概念开始讲起。

股指期货,是指以股价指数为标的物的标准化期货合约,双方约定在未来的某个特定日期,按照事先确定的股价指数的大小,进行标的指数的买卖,到期后通过现金结算差价来进行交割。

从本质上讲,股指期货对应的股票市值极高,股票市值的涨跌决定了股指期货的结算价格,而非股指期货决定股票市值的涨跌,所以任何操纵股指期货的行为都将首先受到市场的惩罚。不过自从有了股指期货,上涨就不再是盈利的必需条件。在A股这个多头思维统治的市场中，唱空和做空行为，常常被认为是不怀好意。所以，股指期货松绑的消息，多少会刺激到投资者的神经——因为股指期货虽然丰富了金融产品的多样性，但是股指期货也是做空的工具之一。

2015年股指期货被限制之后，并没有阻止市场继续下跌的势头，也从侧面说明了股指期货并非暴跌的元凶。事实上，同样的情节在日本早已发生过，1990年，日经指数从历史高点回落后不久，日本主流媒体一窝蜂地将股指期货认作是造成股市下跌的原因，并广泛宣传。

受制于各方压力，大阪交易所不断限制股指期货的交易，有时一天只能交易5分钟。可是，对股指期货的严格限制并没有改变股票市场的低迷走势，1990年和1992年分别出现了39%和26%的巨大跌幅。直到2005年，日本经济学界才承认，股票市场下跌的主因来自于经济基本面，而不是股指期货。

对2015年被融资推上5000点高位的A股来说，难道投资者和管理层，真的不知道暴跌的元凶是谁吗？

投资作为一项需要不断修炼的事业，我们首先要做到的就是不要自欺欺人，如果完全寄希望于大机构基金救市，或限制某项交易工具，这样的投资必然无法长久。换句话说，如果股指期货松绑真的影响到了市场，那我们应该警惕的很可能不是期货工具，而是市场本身。

【费雪效应】 CPI 与存款利息之间的关系

2018 年以来,有关加息的新闻持续占据各大媒体的头条。央行加息,表面上看,这意味着存在银行的钱,可以获得更多的利息。

然而,“面膜”想告诉各位“面粉”的是,事实却并非如此,加息之后,老百姓的钱其实并不会增长多少,有时候甚至还是亏的。

这到底是怎么回事呢? 我们就从费雪效应开始讲起。

费雪效应,由著名的经济学家欧文·费雪提出,揭示了通货膨胀率预期与利率之间关系,它指出当通货膨胀率预期上升时,利率也将上升,反之,也是同样的道理。

通俗地说就是:假如银行储蓄利率有 5%,如果通胀为零时,你存在银行的存款在一年后就实实在在地多了 5%;如果通货膨胀率为 3%,那你的利息实际上只多了 2%;如果通胀是 6%,那你存在银行的钱实际上是贬值了 1%,因为你一年前的 100 元能买到一袋米,现在要 106 元了,而存了一年的钱只有 105 元,你现在反而买不起一袋米了!

这就是说,加息通常伴随着通胀上升,如果加息的节奏慢于通胀上涨的步伐,那么老百姓手中的钱的购买力实际上是下降的。

极端的例子莫过于委内瑞拉的情况了。

由于经济衰退，资金外流，委内瑞拉出现极其严重的通货膨胀。

据国际货币基金组织（IMF）估计，委内瑞拉通胀率已经从 2015 年的 275%飙升至 2016 年末的 720%。而委内瑞拉议会财政委员会主席何塞·格拉表示，2017 年末，委内瑞拉的通货膨胀率仍维持在 680%左右。

在委内瑞拉，纸币被当作餐巾纸使用，粮食实行配给制，老百姓一周仅被允许去商店购物两次，根本不够日常所需。正是因为物资的奇缺、通胀的恶化，使得人们在拿了工资之后什么也买不起，大家只能靠麦片粥糊口。

走在委内瑞拉街头，你会看到到处都是在垃圾堆中寻找食物的人群。在饥饿和绝望之下，哄抢和抢劫的事情越来越多。

从上面委内瑞拉这个极端的例子可以看出，如果通胀率很高，即使加息，老百姓手中货币的购买力也还是在下降的。

当前，我国的 CPI 涨幅在 2%以上，而银行的一年期存款基准利率只有 1.5%，根据费雪效应，意味着我们存在银行的钱的购买力实际上是在下降的，我们处在一个负利率时代。但是也不必担忧，货币类基金越来越成为年轻人理财或者抗通胀的主要途径。

负利率时代，每个人都很受伤，因此理财意识很重要。

新时代的一个基本趋势是：存款理财化。

因为，尽管我们明白了负利率时代，钱存银行就是赔钱的道理，还是只能无奈地到银行存款，起码钱存在银行还能少赔点，放在家里只会赔更多。

那么，负利率时代，我们的钱该如何才能跑赢通胀，实现保值增值呢？

选择和途径都非常多。

“面膜”认为，对于大多数工薪阶层来说，可以考虑配置一些货币基金（如上文所说），或者银行理财，这些产品较为稳定，即使不能增值，至少可以保值。如果投资期限比较长，也可以考虑定投基金等或配置一些避险资产，比如黄金和美元。

【金融泡沫】 郁金香泡沫是如何摧毁“海上马车夫”的?

比特币辉煌时,短短几个月,炒家就把比特币炒高了好几倍。

许多炒币客赚得盆满钵满,“面膜”身边就有个哥们靠炒比特币换了一辆豪华宝马!

然而,正所谓富贵险中求,高利润意味着高风险,手快有、手慢无,来不及退出就只能做接盘侠,结局可能死得很惨,这是金融市场亘古不变的定律。

上帝欲使其灭亡,必先使其疯狂。当一种资产的价格短时间内涨了好几倍,泡沫破灭的风险就可能已经悄悄降临了。2018 年 8 月上旬,美国苹果公司市值达到历史高点 1 万亿美金,富可敌国,而中国 A 股总市值这时候才 6.09 万亿美金,也就是说 6 个苹果等于 A 股市值的全部。大洋彼岸的美国股市是否有泡沫我们拭目以待。

金融泡沫是指一种或一系列的金融资产在经历了一个连续的涨价之后,市场价格大于实际价格的经济现象。它主要表现在房地产和股票上,两者价格一般是持续性上涨,最后,当价格严重背离它们的实际价值时,导致价格突然暴跌,资产价格急剧收缩,进而引发经济危机。

金融泡沫早已有之,一直伴随着人类的文明进程,比如历史上著名的荷兰郁金香泡沫。

400年前，郁金香从土耳其传入荷兰。

郁金香是一种观赏性花朵，除了贵族少爷追女孩时派上点用场外，并没有什么实际用途。

然而，在整个市场积聚大量资金又无处可用的大背景下，郁金香被资本盯上了，并最终酝酿出人类历史上最大的泡沫。

从1634年开始，郁金香热初现端倪，此后价格一路上涨，到1637年初，一株名为“永远的奥古斯都”的郁金香球茎居然被炒到了6700荷兰盾。6700荷兰盾是个什么概念？这笔钱足以买下阿姆斯特丹运河边的一幢豪宅，要知道，那时荷兰人的平均年收入只有150荷兰盾，以当时欧洲人的平均寿命计算，这意味着普通荷兰人工作一辈子也买不起一朵小花。

面对如此的暴利诱惑，几乎所有的荷兰人，从贵族、商人，到农民、搬运工、清洁工、收破烂的，都停下手中活计，投入到了这场赌博中。

所有人有着一个共同的嗜好，买卖郁金香已经成为一场全民运动。

既然是泡沫，就会有破灭的那一天。

就在郁金香被炒到最高点后没多久，1637年的2月4日，忽然有很多人开始抛售郁金香，大量的抛售使得市场陷入极度恐慌。

仅仅七天时间，郁金香的平均价格就下跌了90%。一夜间，几乎所有参与投机的人都倾家荡产，还背上了还不清的巨额债务。同时，这次郁金香泡沫破灭还间接导致了荷兰在17世纪的海上争霸中输给了英国。

行为金融学给我们的一个启示是：只要人性存在弱点，历史就会一直重演。

如今，历史仍在上演一幕幕熟悉的金钱故事。

许多人怀揣着一夜暴富的梦想疯狂炒作比特币、ICO，然而，一次又一次血的教训都在告诫我们：当你想着怎么拿到高额回报和利息时，人家盘算的是如何拿走你的本金，到时血本无归的就是最后的接盘侠。

“面膜”想说的是，永远不要以为你比别人高明，能够逃过击鼓传花的最后一棒！金融不是谁都可以玩弄的游戏，就算专业玩家也可能兵败麦城，所以，奉劝各位聪明的“面粉”，要对金融保持敬畏，尤其是远离那些违法违规的暴富神话。

【波浪理论】“面膜”这里有一本秘笈

炒过股的朋友们都知道，股市就像赌场，很多人因为想一夜暴富，最后却成了韭菜。

你想靠炒股实现财务自由，庄家却看上了你的本金。

股市行情涨涨跌跌、波诡云谲、变化多端，令人匪夷所思，要想在巧取豪夺、弱肉强食的股市中生存，没有一套自己的理论体系和严格的纪律是不行的。这其中一个理论非常厉害，“面膜”不得不跟大家提一提，那就是波浪理论。

波浪理论是美国牛人艾略特在1938年提出来的，他将市场上的价格趋势变化，归纳出几个不断反复出现的形态。

艾略特发现，不管趋势的层级大小，都遵循着一种五浪上升、三浪下降的基本节奏。

简单来说，一个完整的波浪周期有八个浪，包括5个上升浪和3个下跌浪：

5个上升浪，分别为1浪、2浪、3浪、4浪和5浪，其中三个浪是升浪，两个浪是调整浪。

3个下降浪，分别为A浪、B浪和C浪，其中，两个浪是跌浪，一个浪是反弹浪。

波浪理论将不同规模的趋势分成九大类，最长的超大型波浪周期长达200年，而最小的波浪周期只持续几个小时。但无论趋势的规模如何，每一周期由8个波浪构成这一点是不变的。

需要指出的是，每一级别的波浪都可以合并为高一级的浪，也可以再分割为低一级的小浪。

波浪理论的初次亮相是在1929年全球经济危机引发的经济大萧条时期。美国股市从1929年大崩盘到1932年夏天，这3年的时间整个市场都弥漫着一片绝望的气息。

这时波浪理论的创立者艾略特给《美国投资周刊》主编格林斯发电报，明确指出长期下跌的走势已经结束，未来将会出现一个大牛市。此后，道琼斯指数在9周内就涨了一倍，一直到现在美国股市仍然在不断创出新高。

通过观察股票或者商品价格的波动，我们可以发现，它们与大自然的潮汐、大海的波浪一样，一浪跟着一浪，周而复始，具有相当程度的规律性，而这背后是由投资者的从众心理所造成的。

提到波浪理论，就不得不提同时期的道氏理论。

道氏理论认为，股票会随市场的趋势同向变化以反映市场趋势和状况，股票的变化表现为三种趋势：主要趋势、中期趋势及短期趋势。道氏理论在判断大趋势上非常有用，但缺点是“反应迟钝”，不具有可操作性。

而波浪理论则成为道氏理论很好的补充，可以这样说，道氏理论告诉你什么是大海，而波浪理论则是教你如何在大海上冲浪！

波浪理论和我国古代哲学家老子的观点也很类似：道可道非常道，一生二、二生三、三生万物……然后就周而复始，循环往复。

据说行业内有几句金口诀：

选择股票有十条，条条真理招招高；
按此规律炒股票，一般情况不会套。
下降通道只能瞧，价量齐跌不能要；
空头均线难走好，长期盘整等它翘。
密集成交不太妙，主力抛压退为好；

看法一致壁上瞧，市场冷门没人要。

基本面上选股票，学会简直不得了。

然而，投资都有风险，风险与收益是镜像关系。

艾略特波浪理论是在“斐波那契数列”基础上发展起来的，所以是艺术与技术的结合；这也间接证明了，美的就是真的，真的就是美的。波浪理论的三要素是股市的结构、比率和时机。

艾略特波浪具有典型的分形结构。分形就是能够细分成更小的部分，但每一个更小部分的形态都与其他结构相同，不论是长达百年的长浪，还是只有几小时的短浪，其波浪结构是一样的。多次迭代出的“分形结构”本身就是妙不可言的艺术图案。艾略特波浪理论虽是技术分析的经典学派，但是如果对 K 线、成交量、换手率、MACD 毫无概念，那么波浪理论就毫无意义。实际上，艾略特波浪理论落脚点在于，股市波浪行为中蕴含了丰富的群众“羊群效应”心理信息，参与人数越多，波浪理论越适用。

“面膜”再啰嗦一遍：万物皆相通，万物皆算法。

【天使投资】 小概率赚大钱远胜大概率赚小钱吗?

三国里的张飞五大三粗,性格鲁莽急躁,一看就头脑简单、四肢发达,其实根本不是这样的。

张飞加盟刘备团队以前是个屠户,屠户可是农业时代相当牛的职业。

而且张飞很有生意头脑,自己种植桃树、批发水果,劣质的桃子用来喂猪,猪粪用来给桃树施肥,猪养大了再屠宰贩卖。

用富爸爸罗伯特·清崎的话说,认识刘备前,张飞是自雇型创业者(Self Employed),已经处于创业者的的第三个象限,正向甩手掌柜迈进。

张飞最大的能力体现在识人上。正是发现了刘备这个天才,才横下一条心把自己现金流极佳的屠户产业和房产变卖了,孤注一掷把钱和自己全家老小的命一并投给了刘备。

这要是放在现在,张飞其实就是刘备的天使投资人,幕后大老板。

天使投资(Angel Investment),是权益资本投资的一种形式,是指富有的个人出资协助具有专门技术或独特概念的原创项目或小型初创企业,进行一次性的前期投资。天使投资人又被称为生意天使(Business Angel)。

天使投资是风险投资的一种形式,再根据天使投资人的投资数量以及对被投资企业可能提供的综合资源进行投资。天使投资属于一种自发而又分散的民间创新投资形态。

过去几十年，雅虎、戴尔、微软、facebook、推特这些巨头背后都有天使投资的影子，其中最著名的就是扎克伯格，最开始给小扎投 10 万美金的哥们赚了 10 亿美金，成为全世界历史上最高的天使投资回报率。

在硅谷有一个独特的现象，许多人在吃饭的餐桌上就开出了一张几万美元的支票给另一个刚刚认识的人，获得了他所创办的一家连办公室都还没有的公司的几百万股"股票"，甚至就连这些"股票"本身也要等到一个礼拜后才能在律师的帮助下完成过户手续。

而且，开支票的人可能对于这家公司要做的事情和所拥有的技术一窍不通，自己也未必是一掷千金的豪商，但却不会有任何人称之为"鲁莽"，因为也许用不了几年，这家公司就可能会在纳斯达克上市，几万美元可能会变成上千万美元。

对天使投资人来说，最关键的就是对趋势的判断。

当年雷军投小米的时候，他就比别人提前两到三年看到了中国 8 亿手机用户一定会变成智能手机用户，他比别人提早了两年布局这个市场，投了 UCweb，投了 3G 门户，花了很长时间找了 7 个合伙人一起做了小米。这件事在别人都没有看到大潮的时候他勇敢地做了这个选择，现在不到三年就变成了全世界 IT 业的奇迹，公司市值达 470 亿美金，不到三年的时间，其手机品牌变成国内一线品牌。

不过这里需要提醒朋友们的是，天使投资的风险是非常高的，可以说成功是偶然的，失败是必然的。

当然话说回来，如果不去试的话，别说成功了，就连失败也没有！成功也好，失败也罢，能改变这个世界一点，也是伟大的。

天使投资成功的关键在于精通行业和洞察赛道趋势，能拿到天使投资的关键在于能说清楚产业链上每个节点的商业逻辑和市场前景。

【金融杠杆】 风险与收益永远是镜像关系

这几年,“金融去杠杆”这个词频频出现在媒体上。

杠杆这个词对我们来说并不陌生,阿基米德曾经说过这样一句话:给我一个支点,我能撬动整个地球!

不过这是物理学中的杠杆,那么这个金融杠杆到底是什么呢?

金融杠杆(leverage)简单地说就是一个乘号(×)。使用这个工具,可以放大投资的结果,无论最终的结果是收益还是损失,都会以一个固定的比例增加。

简而言之,就是以小博大,可以低成本获取高利润,但同样也要承担很高的风险。

举个例子:

老王最近投资入伙了一家餐饮店,一年投资下来,年化收益率能达到20%,也就是说,去年他用10000元的本金,赚了2000元。

但老王并不满足,他想扩大自己的收益率,于是他向银行借了10000元,假设银行贷款年化利率为5%,也就是一年后连本付息要还10500元。

这时老王手里连本带借就有了20000元,老王拿着这20000元再去做投资,他还是像去年一样稳稳地将投资年化收益率做到了20%,20000元,那就是赚了4000元,连本带息还掉银行的10500元,手里还有13500元,本金还是 10000 元，但今年他却赚了 3500 元，年化收益率达到了 35%。

在上面的操作中，老王就使用了金融杠杆。他用手里的 10000 元本金撬动了 20000 元的投资，扩大了自己的年化收益率。

再比如下面这位李先生。2014 年年底，深圳房价刚刚开始出现异动的时候，李先生敏锐地发现了其中的机会，立刻辞去工作回深圳专职炒房，以 100 多万元做首付在福田买了第一套房子进行投资，没过多久这套房子从 400 万元涨到了 800 万元。

当时看到房价涨得这么快，李先生把爸妈名下的房子也都拿去做了加按揭贷款，2015 年反复操作了 17 次，2016 年操作了 4 次，到现在差不多有上亿元的盘。当然了，地产受政策影响很大，能否全身退出是关键，且监管层要求房子是用来居住的。

通过不断地加按揭贷款滚动操作，仅在 2015 年深圳楼市大牛市中，李先生手里房产的市值就达到了 5000 万元，个人资产翻了十几倍。

这位深圳炒房客资产由 100 万元变成 5000 万元，只用了 2 年。

金融杠杆跟我们的生活密切相关，甚至无处不在。有些人靠杠杆起高楼，有些人则因此楼塌了。下面这位阿牛先生就没有这么幸运了。

阿牛从 2003 年开始学习炒房，到 2006 年手里就有 60 多套房。2007 年 1—5 月深圳的房价增长了 100%。9 月 27 日，中国开始加息，首付提高到 4 成，限贷，全国楼市瞬间熄火了。

多头纷纷缴械投降，阿牛想起巴菲特的名言："别人恐惧时我贪婪"，于是他做出大胆预测，底部到了！

2007 年 12 月和 2008 年 1 月，他又入手了 20 套。结果抄到了半山腰上。阿牛具体炒作的手法，仍然是做高贷，转按揭，从银行套钱出来。

从手握 60 套房到破产离婚，只用了短短两年，这是又一个深圳资深炒房客的血泪史。现如今的 2019 年，深圳地产单价又在全国范围内名列前茅。

"面膜"再讲一个国外金融大佬加杠杆走向灭亡的股市。1977 年，约翰·梅里韦瑟创办了所罗门公司的套利部门，专门负责债券套利，这个部门已经成为公司的利润中心，梅里韦瑟惯于使用数学建模来发现债券市场的价格洼地。

梅里韦瑟相信一件事情:同一样东西,在任何地方的价格应该都是一样的,如果出现了短暂的价格与价值的背离,那就是套利的机会。

举个例子,美国政府发10年长期国债,新发债券利率6%,正常情况下,期限较近,利息相差不大,但是3个月之后利率突然变成5.5%,这种情况下约翰·梅里韦瑟就会买入5.5%利率的债券,卖出6%利率的债券,然后坐等两种债券的价格聚拢。那么,约翰·梅里韦瑟用来套利交易的资金和债券哪里来呢?自然是加杠杆,国外债券是可以加杠杆的。

但是所罗门公司套利部门的这些数学家们包括梅里韦瑟情商都比较低:刚愎自用且自视甚高,陶醉在自己的世界里。

最终发生了两件事,导致约翰·梅里韦瑟被所罗门扫地出门。

第一件事:1989年公司老板被迫答应约翰·梅里韦瑟的要求,从利润中拿出15%作为套利部门的奖金池,导致公司其他员工心生不满。老祖宗说:不患寡而患不均,彻底失去了群众基础。

第二件事:曾经在梅里韦瑟手下做过交易员的保罗·莫泽尔,被梅里韦瑟调离套利部门,保罗·莫泽尔承认曾经在给美国财政部的标书里面造假。梅里韦瑟意识到事态严重,立马向CEO和董事会通报。

最终梅里韦瑟被迫背锅,被所罗门公司开除,后几度想以新CEO身份重返所罗门未果,不得已弄了个对冲基金,名字就叫"长期资本管理"(Long-Term Capital Management,以下简称LTCM)。

梅里韦瑟准备募集25亿美元的资金——当时一般对冲基金的募资能力只有它的1%,大约2500万美元。梦想有了,梅里韦瑟做的第一件事情,就是挖人,挖走了原来他手底下的团队。

为了给募集计划做品牌塑造,梅里韦瑟邀请了金融学教授罗伯特·C·莫顿——金融风险管理之父,基本上华尔街金融衍生品证券定价的问题,都是以他的模型公式为基础的;然后又邀请了金融界另外一位学术大牛——马尔隆·斯科尔斯,他和莫顿都获得了1997年的诺贝尔经济学奖。不过莫顿和斯科尔斯在推销基金时虽然都曾发挥了巨大价值,但是他们在日常决策中起到的作用并不太大,基金的投资者们也都知道这两位伟大的学者从未进行过任何交易。

梅里韦瑟挖到的最牛的一个金融大佬则是美联储副主席大卫·莫林

斯，当时莫林斯仅排在格林斯潘之后，是美联储二号人物，如雷贯耳。

一群数学家成立的基金，募集进度远远达不到预期。当投资者问到具体的投资逻辑时，数学天才们的表现除了一贯的高傲自负和孤芳自赏外，只是冷冷的回复投资者，然后使用一套复杂的数学公式来投资决策，其他细节则无可奉告。

但就在这个时候，转机出现了。

所罗门公司在这一年居然公布了套利部门的历史业绩和利润。市场炸开了锅，于是热钱纷纷涌进 LTCM，最终 LTCM 募到了 12.5 亿美元，轻松碾压对冲基金的历史募集最高纪录。

长期资本管理公司的投资者范围甚广，包括发达国家以及发展中国家的债券，美林证券、科威特国家养老基金、中国银行以及超级经纪人麦克·奥维兹，无一不是 LTCM 的投资对象。

LTCM 第一年在美国国债市场拿到了 28%的收益，第二年再接再厉，收益率高达 59%，第三年继续 57%，即便在东南亚金融危机爆发的 1997 年，LTCM 也有 25%的收益率，1994—1997 年四年下来平均收益率 40%，大幅领先长期大牛的标普 500 指数。

但是，1998 年 8 月战斗民族俄罗斯国债公然违约。LTCM 一直在加高杠杆裸奔，没有做任何风险对冲，市场一下子就崩溃了(做投资如果没有对冲，风险其实是无穷大的，现代社会亦如此)，利差持续扩大，LTCM 一天亏损了 15%，5 个月亏损了高达 90%。因为 LTCM 的杠杆加得太厉害，最高时候，使用的是 30 倍杠杆。有人曾事后统计，LTCM 用 50 亿的自有资金，借了 1000 亿美金，面临 10000 多亿美金的违约风险，整个华尔街都被拖下了水。此后人间再无梅里韦瑟。

“面膜”想说的是，金融杠杆只是一个工具，就像其他工具一样，使用不当就会适得其反，水能载舟亦能覆舟，提醒各位“面粉”谨慎使用。高杠杆必定伴随高风险。

金融高杠杆的投资品种比比皆是，比如保证金制度的期货，杠杆就能达到 1∶10，因此杠杆的背后是对商机的敏锐把握，杠杆本身的财富效应是中性的，甚至是大概率巨亏的，所以对商机的把握是第一位的——找准财富赛道是第一位的。

【做空】 让资本市场闻风丧胆的“浑水”做空有多厉害?

之前的热播剧《欢乐颂 2》中,华尔街精英安迪通过“做空”智斗包妈的戏码,引发了金融圈的集体吐槽。电视剧只是戏说。

其台词“保证让你第一小时亏 1000 万,第二小时亏 2000 万,第三个小时 4000 万递增”,更是被网友戏称为“索罗斯看了会沉默,巴菲特看了会流泪”。

在许多金融小白看来,做空是一种很神秘、很炫酷的操作手法,只有大佬们才会玩。

其实做空并不神秘,理解起来也很容易。做空,又称空头、沽空,是股票、期货等行业的一种投资术语,也是股票、期货等市场的一种操作模式。与多头相对,理论上是先借贷卖出,再买进归还。做空是指预期未来行情下跌,将手中借入的股票按目前价格卖出,待行情跌后买进再归还,获取差价利润。其交易行为特点为先卖后买。

举个例子,你预测到现在市场上大米的价格会跌,于是你找到一家米店的老板,以 1800 元/吨的价格借了 1 吨大米,老板怕你不还,收了你 180 元保证金(10%),然后你把大米以 1800 元/吨的价格卖给了别人,过了几天后大米价格跌到了 1500 元/吨,你再买一吨大米还给米店的老板,这样你米也还了，自己腰包里还多了300块钱！

这就是做空，高卖低买。

这样的案例特别多。比如苏联货币卢布，借款人借的是卢布，待卢布作废之后，借款人归还卢布，由此引发了众多官司。

提到做空，不得不说索罗斯，20世纪90年代初期，索罗斯凭借狙击英镑一战成名。

索罗斯最近一次出击是2013年对日元的绞杀，让索罗斯大赚10亿美元。

过去的十年间，日本政府大力推销国债，日本财政对于举债的依赖已经使得日本国债如滚雪球般越滚越大，日本国债务与GDP的比值已超200%，几乎达到收不抵支的情况。

只能靠着借新钱还旧账的"庞氏骗局"模式苟延残喘。

时间回到2012年夏天，在遭遇9级地震后，日本开始大量进口原油，索罗斯预感日元会贬值并积极寻找机会做空。

2012年11月，当时的日本首相野田佳彦遭反对党逼宫，而倾向于推出宽松货币政策的安倍晋三被认为将会当选新一届首相。与此同时，大量日本资金从澳元等高息资产中撤回国内。

综合以上这些利空日元的因素后，索罗斯感觉到狙击时机已经来临。

于是，索罗斯和跟随他20多年的得意门生斯贝森特气势汹汹地"杀"到了日本。

一位接近索罗斯基金的人士透露，索罗斯做空的日元成本价在90～95，为了不引起日本当局的注意，索罗斯还用杠杆融资买入日本股票作为"掩护"。

索罗斯认为，日本解决经济困局的方法只有一个，就是货币贬值，而货币贬值会引发另一个现象，就是短暂的股指繁荣，注定这是一笔稳赚不赔的生意。

最终，日元兑美元汇率在接下来的两年时间里，从90一直跌到突破120，日经225指数也从2012年11月份8619的低点上涨幅度达到33%，索罗斯赚得盆满钵满。

货币贬值乃至暴跌给主权国家带来的经济恶果是不可想象的。

2018年8月10日，土耳其的货币里拉暴跌了18%，连带欧美股市下挫。2018年以来，里拉兑美元已经跌了40%。土耳其作为中东第一大经济体，其经济影响力不可小觑；作为曾经横跨欧亚非三大洲的土耳其帝国，很多时候都敢跟俄罗斯和美国叫板。除了特朗普落井下石，扬言要对土耳其的钢铁和铝分别征收50%和20%的关税外，土耳其发生货币大幅度贬值的根本原因在于经济体系已经沉疴已久。土耳其国民经济出现高通胀、高外债和政府高赤字的“三高”，土耳其财政部2018年第一季度数据显示，外债总额高达4667亿美元，外债占到了土耳其GDP的55%，同时2018年7月CPI同比上涨了15.85%，创造了2004年1月以来的最高纪录。土耳其汇率暴跌之后，阿拉伯人、亚洲人和欧洲人排队抢购奢侈品。

索罗斯认为，人的情绪是会传染的，那些即使是认识错误的观点，只要有足够强大的影响力，它依然能在股市获利，这就是为什么股价有时候看起来泡沫很大但买的人很多，有时候看起来虽低得可怜但无人问津。

这个世界有一家非常知名的资本做空的公司叫“浑水”，就是“浑水摸鱼”的那个“浑水”，浑水其实只是一家仅有5名员工的小型研究机构，但它做空全球发达国家的上市公司10余家，经常让上市公司闻风丧胆。自2010—2016年，浑水做空包括新东方、分众传媒在内的一批中资上市公司10多家，其中2016年做空在香港上市的辉山乳业最为经典，一天之内辉山乳业股价下跌85%，市值蒸发100多亿元。

中国的古话叫“三人成虎”，说的也是这个理。“面粉”朋友们，你们懂了吗？

【经济周期】 什么才是真正决定一个人财富自由的密码？

我们发现，艺术设计很奇异。比如服装设计吧，前年流行豹纹，去年流行蛇纹，今年又流行宫廷风。再比如小碎花，也许10年前穿看起来是村姑的标准打扮，而现在可能是被叫作“田园风”的时尚元素。所以说，真正理解设计的大师便会知道，设计其实是一种轮回，也就是一种周期。不仅艺术与美的时尚领域存在周期，金融行业更是存在周期。只是经济周期要复杂得多。谁掌握了经济周期的规律，就相当于掌握了财富密码。

中信建投的周期天王周金涛有一句名言叫“人生发财靠康波”，这句话的意思就是说，我们每个人的财富积累，一定不要以为是你多有本事，财富积累完全来源于经济周期运动的时间给你的机会。所谓顺势者昌，逆势者——当然亡是亡不了的，但是很难发大财，很难财务自由。一个人能发大财一定是外部机会和个人抓住机会做事的双重合力叠加的结果。

周金涛曾经举了一个例子。在过去的十年里，中国暴富的典型是煤老板，大家在心里肯定认为煤老板不如自己有本事。但为什么他成为煤老板？原因就在于老天也就是经济周期给予的机会。按照康德拉季耶夫理论来看，这是大宗商品的牛市，就给了煤老板人生发财的机会。

经济周期一般是指经济活动沿着经济发展的总体趋势所经历的有规律

的扩张和收缩，是国民总产出、总收入和总就业的波动，是国民收入或总体经济活动扩张与紧缩的交替或周期性波动变化。过去把它分为繁荣、衰退、萧条和复苏四个阶段，而表现在图形上叫衰退、谷底、扩张和顶峰更为形象，也是现在普遍使用的名称。经济周期就跟二十四节气一样，能正确有效地指导人们的经济活动和经济行为。

经济周期按照期限长短不同，分成四类。

第一种是短周期，叫作基钦周期。

1923 年英国经济学家基钦提出的一种为期 3～4 年的经济周期。以库存变动为研究对象，所以也俗称为“库存周期”，持续时间 3～4 年，一般零售行业、制造加工甚至电子商务行业此类周期特征比较明显。

第二种是中周期，叫作朱格拉周期。

以设备投资占 GDP 的比重为研究对象，所以也叫“投资设备周期”，一般为期约 10 年的周期性波动。设备投资也会遇到新的形式，比如修建高铁轨道，之前主要是劳动力密集型的，但现在绝大部分是机器设备代替人力。

第三种也是中周期，但是期限更长，叫作库兹涅茨周期。

认为经济中存在长度为 15～25 年不等的中长期波动，尤其是建筑行业表现特别明显，所以也被称为建筑业周期。理论上，美国上一轮建筑周期 2000 年见顶，但由于美国采取宽松货币政策，故 2005 年才出现房屋销量回落，到 2006 年房价才出现下跌，直至 2009 年初建筑周期触底。中国本轮建筑周期在 2010 年前已经见顶，按照库兹涅茨周期理论，一旦进入下行趋势就将持续 10 年左右，目前为止还不算调整充分，预计 2020 年之后才会走完。所以，理论上 2020 年之后，房产投资并不是最好的投资标的。

第四种是长周期，叫作康波周期。

与熊彼得提出的创新周期长度类似，以标志性的技术创新为研究对象，一次完整的康波周期大致为 50～60 年。目前处于第五次康波，标志性技术创新为信息技术，自 1982 年起进入回升阶段，1991 年之后进入繁荣，而 2007 年主导国——美国繁荣的高点为康波繁荣的顶点，也是步入衰退的拐点。

周金涛基于康波周期的深度研究，发现中国人民一共有三次财富自由的机会。

周金涛说，40 岁以上的人，人生第一次机会在 2008 年，如果那时候买股票、房子，你的人生是很成功的。其实周期天王没有提到的是，那时候即使你只是开了一家小小的淘宝网店，如果经营有方，现在也会是一方富甲，成为亿万富翁的也不在少数。要知道，那时候淘宝店尚且不征税，阿里巴巴为了打败竞争对手 e-Bay，也不收取开设网店的任何佣金、押金以及服务费。淘宝店的成功其实是一种经济周期运行的结果，浙江义乌以及沿海制造业通过网络载体平衡了供需关系，实现了货通天下，而第三方支付工具支付宝的出现又快速便捷地实现了汇通天下的用户教育。制造业零售积累的库存通过互联网打通了地域隔阂，自由分销到了内陆省份。

第二次机会在 2019 年，具体是什么机会，周金涛并没有明说，有很多人都在猜测到底是什么机会，各家众说纷纭，各执一词。最后一次机会是在 2030 年附近，能够抓住一次你就能够成为中产阶级，这就是人生发财靠康波的道理。

韩寒参加新概念作文大赛的题目叫作《头发》，讲的是 20 世纪 90 年代流行郭富城的中分发型，过一阵子又流行侧分头，看起来有黄金分割线的美妙，没多久开始流行光头，大概跟全球偶像贝克汉姆有关系。最后韩寒总结说：头发于是就这么留着，流行也不赶了。不是不赶，是没本事赶。昨天还流行平头，今天就流行长鬓角，换一天又成了男人披肩了。看来潮流只能等不能追，这跟火车站等车是一个道理，乖乖留在站台上，总会有车来，至于刚开走的车，我们泛泛之辈是追不上的。作家张爱玲的短篇小说《爱》里描述到：没有早一步，也没有迟一步，刚好赶上了。互联网时代瞬息万变，前天流行微博，昨天流行微信，而今天又流行抖音。万物皆是一种轮回、一种周期，只是经济周期更复杂。

不过需要说明的一点是，“经济周期”与“金融周期”并不是同一个概念。2017 年 11 月，中国人民银行第三季度货币政策执行报告中才首次提到“金融周期”这个词。

【广义货币】 各种钱你知道多少?

从 2018 年 7 月 5 日起,央行宣布下调国有大型商业银行、股份制商业银行、邮政储蓄银行、城市商业银行、非县域农村商业银行、外资银行人民币存款准备金率 0.5 个百分点,这一行为称之为“降准”。据测算,本次定向降准可以释放 7000 亿的流动性出来。一石激起千层浪,这次降准旨在帮助解决中小企业融资难、融资渠道不畅通的问题。但同时也有很多老百姓惊呼,钱又不值钱了。“降准”是央行货币调控工具之一。今天“面膜”就来聊一聊,都有哪些“钱”。

一般情况下,每个国家都只使用唯一的货币,并由中央银行发行和控制。中央银行也叫“央行”,别名“央妈”,是一国发行和调节货币政策的金融机构,但是也有特例,比如美国的货币职责履行机构叫“美联储”。所以,从主管机构来定义的话,数字货币和虚拟货币都不属于真正意义上的货币。央行发行的货币一般分为狭义货币和广义货币两种,如果把流通中的纸币、微信三方支付非现金货币、支付宝三方支付非现金货币等单独作为一类的话,那货币种类就有三种了。

最初的纸币是与黄金进行挂钩的,与黄金可以自由兑换,两者还可以同时流通,纸币的发行量也比较少。到了 19 世纪末,资本主义经济快速膨胀,黄金不够用了，于是纸币逐渐成为主流货币，但是它们仍然有黄金作为发行的保障，这种货币制度称为“金本位”。现代社会的货币制度都是从“金本位”的理论发展起来的。货币共有 4 种类型，即 M0、M1、M2 和 M3，概括来说，流通现金类、狭义货币和广义货币是按照流通便捷程度来区分的。广义货币在货币中流通性稍微差一点，通常包括 M2 和 M3 两种。

下面，我们就来分别说说 M0、M1、M2 和 M3 的定义和意义。

M0 是指流通中的纸币、现金、钞票。各国政府或央行发行的钞票最具有流动性，随时都可以作为支付的凭证，但并非所有的现钞都可以计算在内，而是要扣去各金融机构的库存现金，剩下部分才是 M0。在我国，它指的仅是流通中的现金。老百姓的日常生活与 M0 关系最为密切，它的数值高低反映了老百姓手头宽裕、富足的程度。

M1 指的是狭义的货币供应量。活期存款可以随时提取，流动性仅次于现金，有些国家将它视同现钞货币，是成本最低的交易媒介和支付手段。由于对货币的理解不同，世界各国对 M1 的定义也存在差异。在我国，M1 指的是 M0 加上企事业单位活期存款。M1 反映居民和企业资金松紧程度，是经济周期波动的现行指标，其流动性仅次于 M0。

接下来需要重点说说广义货币 M2。先说说 M2 的具体定义吧。M2＝M1＋企事业单位定期存款＋居民储蓄存款。通常说的、看的货币供应量指的就是 M2。M2 流动性偏弱，反映的是社会总需求的变化和未来通货膨胀的压力状况。央行定向降准，货币超发等，都会推高整个社会的货币供应量，也就是 M2 的总量。M2 太少会伤到经济，出现钱荒，各行各业会出现资金周转困难，银行间也会出现拆借利率过高的情形。另外，我国外汇储备长期居高不下，外汇占款也会推高 M2 的规模。但是，如果 M2 脱离经济基本面导致总量虚高，钱就不值钱了。因此，国际社会对货币政策都是异常审慎的。

需要说明的是，M2 的统计口径近年来不断进行调整。2018 年 2 月 12 日，央行例行公布了月度金融统计数据。本次是央行第四次调整 M2 货币供应量的统计方式，用非银机构持有的货币市场基金取代货币市场基金存款，包含存单。调整后，M2 主要由四部分构成：流通中货币（M0）、企事业存款、居民储蓄、非银机构存款。其中，货币基金存款连同存单一并计入 M2 的非银存款。

公开数据显示，一些国内大型货币基金体量早已逾万亿，甚至超越部分商业银行的个人活期和定存总额。仅 2017 年，天弘基金的货币基金管理规模就突破了 1.68 万亿，侧面折射出单支货币基金的规模，彼时就直逼国有四大行各自存款总和。当天就能赎回的货币基金正式纳入 M2，意味着要肩负货币职责，责任重大。

剩下的便是广义货币 M3 了。M3＝M2＋其他短期流动资产，比如国库券、银行承兑汇票、商业票据等。M3 是近年来根据金融工具的不断创新而设置的。

【私募基金】 优秀的投资品种良莠不济、鱼龙混杂

Privately Offered Fund 中文意思为“私募基金”。私募基金为什么如此私密而又高大上呢？2018 年 8 月 3 日，工行旗下的工银金融资产投资有限公司拿下私募股权管理人牌照，注册资本为 120 亿元人民币。工银金融资产投资有限公司意味着第一家真正意义上的主动型、银行系资产管理公司的诞生。

早在 2018 年 6 月 29 日，在中国证券投资基金业协会的官网上，私募基金管理人信息公示栏中，静悄悄地出现了桥水基金的身影。刚刚获得备案的这家私募全名叫作桥水（中国）投资管理有限公司，属于三大类私募中的“私募证券投资基金管理人”，换句话说，桥水的在华投资方向将以证券业务为主。

这意味着，世界头号对冲基金，也是全球最赚钱的基金公司桥水基金悍然踏入中国市场。

桥水基金到底有多牛呢？

2008 年金融海啸期间，美国对冲基金的平均亏损达到 19%，而桥水基金却能斩获正收益。

2015 年年底，桥水基金累计获得 450 亿美元盈收，一举超越让全球主权

基金闻风丧胆的索罗斯的量子基金,成为全球最能赚钱的基金公司。

2016 年 3 月,桥水中国获得了 Wholly Foreign Owned Enterprise 资格,落户上海自贸区,迈开进军中国基金投资市场的实质性江湖地位的步伐。

截至 2018 年,桥水基金为大约 350 家机构管理着超过 1600 亿美金的资产。

对冲基金也是私募基金的一种,只是投资手段偏向对冲策略。公募基金公司进驻中国,或者中外合资的公募基金公司其实未必能在金融圈掀起轩然大波,但为何国外知名私募基金机构入驻中国却能格外引人注目?原因就在于私募基金相当凶狠,且充满变数。

按照《百科全书》的定义,私募基金是指一种针对少数投资者而私下募集资金并成立运作的投资基金,因此它又被称为面向特定对象募集的基金或"地下基金",其方式基本有两种:一是基于签订委托投资合同的契约型集合投资基金;二是基于共同出资入股成立股份公司的公司型集合投资基金。

学院式的严谨定义是不是不知所云、晦涩难懂呢?

那我们用大白话说给你听。私募基金就是少数人把资金聚集在一起交给专业的人去理财。但是私募基金不得公开宣传、不得公开推介、不得公开募集、不得公开披露产品信息,否则均视为不合规操作。另外,投资门槛为 100 万人民币。最重要的是,不是什么人都可以购买私募基金的,按照截止到 2018 年 8 月的监管规定,必须是合格投资人才有资格购买。合格投资人的认定客观条件是,金融资产不能低于 300 万元,或者最近 3 年每年收入不能低于 50 万元,同时能承受一定的风险。

国外著名的私募基金踏入中国市场为什么会令人震惊无比呢?我们从 20 世纪 90 年代一部叫作《天道》的电视剧说起,王志文主演。

《天道》讲述的是,年轻的女警官芮小丹通过闺蜜肖亚文结识了商界天才丁元英,并受托在古城照料丁元英的生活。丁元英让人瞠目结舌的才华和异于常人的性格深深触动了芮小丹。借由对音乐的共同热爱和制备音箱的契机,芮小丹与丁元英建立了恋爱关系,有了一段天国般的短暂爱情。

商界怪才丁元英效力于德国一家私募基金公司,他用超出常人的手段,将从德国募集的资金投进中国股市。丁元英的私募基金是一家以德国几家金融公司为资本委托方的边缘公司，在中国股市用“文化密码”疯狂掠夺着中国人的钱财。股市从来就是一场零和游戏，有人赚钱，自然得有人赔钱，二八效应应是常态，博傻概率，胜多而已。而国人大多没有主见，特别是股市，从众心理占多数，自然成了庄家嘴里的羔羊。他所谓的破译“文化密码”大抵如此，人性的弱点被当作一种文化属性。

在丁元英进行了11个月的掠夺式经营之后，忽然良心发现，作为一个中国人，他对掠夺式的股市操作心里不堪重负，充满了煎熬与纠结，最终选择了退出公司。丁元英在柏林私募基金分红会议上，他以“个人心理状态”为由，突然宣布解散私募基金，中止了私募基金的合作。但是，无正当理由退出是要付出很大代价的，他的所有利润分红都被惩罚性冻结，只给他留了折合人民币16万元的美金。

电视剧中丁元英曾经这样评论过私募基金：私募基金就像无爹无娘的孩子，随时拿着刀子准备拼命，还要看衙门的脸色。股票的暴利并不产生于生产经营，而是产生于股票市场本身的投机性。它的运作动力是把你口袋里的钱装到我的口袋里去，它的规律是把大多数的肉填到极少数狼的嘴里。私募基金是从狼嘴里夹肉。这就要求你得比狼更黑更狠，但是心理成本也更高，而且又多了一重股市之外的风险。所以，得适可而止。解散私募基金之事说明他行事的高明，懂得何时收手，懂得进退。丁元英有狼的狠，却没有狼的贪婪。

有人曾请教桥水基金总裁雷伊·达里奥一个问题：“我们经历过的经济危机样本数其实并不多，近代可能就那么十几次。那么你是如何总结出一套经济危机的预测方法和去杠杆的‘原则’的呢？”

达里奥这样回答：“只要有人、有社会存在，就会有货币、有债务、有中央银行等社会组织形式。如果把这些人类历史长河样本全部进行研究，那么就可以找到400个左右的经济危机及其处理和应对的方法的样本。”所以，私募基金以及金融从历史长河的社会属性中都能找到智慧和答案。

国内早期私募基金机构共有两万多家，如今数量在快速萎缩中。私募基金虽然具备较大的优势，但是当前情况下也会存在劣势，需要投资者具备基本的辨别能力。

私募基金目前底层投资标的趋于同质化，比如二级市场、不良资产处置、PPP等，常见且优质的投资品种相对单一。达里奥说过一条风险分散的基本规律：成功的投资关键是我们要打造良好的投资组合，我们能够获得比较好的回报流。可以根据风险调整各个回报流，以实现风险平衡。投资的圣杯就是要找到15个或者更多良好的、互不相关的回报流，创建自己的投资组合。

私募基金"一拖多"和"资金池"现象并不少见。"一拖多"指的是同一家公司或者不同基金公司的联盟之间，为期限错配的新老基金提供了借旧还新、相互接盘的腾挪空间。所谓资金池，简单来说就是以较高的固定收益率进行资金募集，然后把募集到的资金以股权形式进行投资。一旦高风险的股权投资失败，必然造成资金链断裂，这样就会导致私募基金无法兑付本息。

私募基金是一个很专业的投资品种。自古以来，收益和风险总是镜像伴随，高收益必定高风险，相辅相成已经有几百年的历史。私募基金需要客观、理性、全面地看待。私募基金产品复杂，且有众多非标，所以"面膜"在本节中刻意大而化之，不谈务实的"术"，只谈务虚的"道"。"面粉"们知道大概的原理即可。

【财政制度】 大明王朝其实是因为自身的财政体系自取灭亡的

明朝在众多皇帝之中，除了开国皇帝朱元璋和其子朱棣以外，其他皇帝的水平都是相当差的，包括在位长达45年的嘉靖皇帝朱厚熜。

有史学家认为明朝亡于天启，主要是朱木匠+大太监魏忠贤祸害的；也有学者认为明朝亡于万历，是大太监刘瑾祸害的；还有学者认为明朝亡于嘉靖，是严嵩、严世蕃父子把持朝政、贪污横行造成的。不管怎么说，都不是亡于最后一棒的崇祯皇帝。

我们也可以说大明王朝的灭亡是因为“气数已尽”。

崇祯元年陕西旱灾；崇祯二年陕西旱灾；崇祯三年陕西旱灾；崇祯四年陕西旱灾。

如此连绵不绝的天灾导致人吃人的现象普遍。如果朝廷不赈灾，很显然农民就会造反，农民也要生存。明朝统治者明知不赈灾就会天下大乱，国家将陷入万劫不复之地，但是，国库拿不出银子。

国库拿不出银子赈灾是因为国民GDP很低吗？

不是的。明朝末年是资本主义萌芽盛行的时期，东南沿海贸易相当发达。可见有很多银子并没有上缴到国库。

国库拿不出银子赈灾是因为苛政猛于虎，民不聊生吗？

不是的。开国皇帝朱元璋是穷苦人民出身，农业税上缴比例很低。比如官田税率为10%，地主田产税率为20%，开征三饷税率也才40%，至少表面看上去，大明朝还是薄徭轻赋的。

国库拿不出银子赈灾是因为官场黑暗，层层贪污截流国库税收吗？

这确实是其中的重要原因，但是，绝不是主要原因。明朝官员工资特别低，很多部级以上的官员都是家徒四壁。明朝是法制社会，死刑需要帝国最高统治者皇帝亲自复核，但是对于官员贪污只要贪污很少的银子，就会被杀头。纵然如此，依然阻挡不了官员贪污，明朝中后期更是愈演愈烈。

其实，朝廷无银赈灾，或者税银收不上来，罪魁祸首是其自身的财政制度和体系。

《万历十五年》这本经典书籍指出，大明王朝实行的是"洪武型财政"体系。农民和和尚出身的朱元璋对贪腐深恶痛绝，同时深谙"猪肉过手，留下一层油"的官场潜规则。他亲自设计了一套以实物和徭役为主体的征税制度，即让纳税人直接将物资缴纳给消耗部门，没有中间商赚差价，取消了充当税收等价物的白银。

于是，在"洪武型财政"的组织调度下，可以看到，苏湖生产的粮食送往西北遥远的边陲军事据点；江西景德镇的瓷器运向北方的京师；苏州的刺绣送往全国主要一二线城市；浙江的丝、娟和帛赏赐给后给宫三千佳丽。朱洪武事无巨细、身体力行地将国家各项开销中所需物资分配给全国的各个区域。

洪武型财政的最大特点，就是需求部门与纳税主体直接对接，而中央不具备调控和财政再平衡的功能，这直接导致财政分权下的中央国库没钱，严重恶果就是国家需要花大钱的时候，没钱。

每个需求部门都拥有财政权。各个财政需求部门、机构在经济上需自己养活自己，包括军队，这种僵化的财政制度的最大弊端是国家财政部丧失了体现国家意志的调节作用，而大量财富都掌握在贵族、官僚、财主等手里，比如军队要养活自己就会屯田，军官借此机会大量跑马圈地私自占有国家和农民田产。兵部征收军备物资和兵役，工部征收营建物资和劳役，宫廷征收皇室用度消耗。一句话就是:各管各家,谁更强势,谁就能收更多的税赋。

这种各部门自给自足的“分税制”财政体系,没有弹性,没有调控,在遇到突发事件时,应该收的税收不上来。既然税收收不上来,那能不能通过大量地印刷纸币来解决财政收入和流动性问题呢?再顺便稀释一下达官贵人和贪官污吏的财富呢?

当然也不可以。明朝施行的依然是“银本位”货币制度,银两与纸币的兑换比率还是跟真金白银挂钩的,国库空虚没有白银储备,老百姓自然只认银子,不认纸币,因此国家既不会通货膨胀,更不会货币宽松。

即使是强弩之末的明朝后期,整个帝国都是有钱的,只是老百姓没钱,皇帝内帑没钱,户部没钱。地主、贵族、乡绅、官僚等特权阶级还是异常有钱的。1644年李自成、刘宗敏率领的大顺军队攻破京师之后,一路上占领府库和士绅宅邸,在民间和官宦府邸搜出白银7000万两,但是偌大的皇宫只搜出白银13万两。

因此,崇祯时代,打仗需要钱,赈灾需要钱,皇宫用度需要钱,那没钱怎么办?税赋收不上来又怎么办?就只剩下一条路:把负担摊派给看起来不会反抗的老百姓。

后面的结局,“面粉”们就都知道了。农民大V领袖——闯王李自成攻陷京师,自己做了皇帝,改国号为“大顺”,崇祯皇帝在煤山一棵歪脖子树上自缢而死。

大明王朝的灭亡是因为“气数已尽”不仅表现在连年大旱的大灾上,还表现在人祸上。其实崇祯有很多次机会干掉后来消灭他的农民起义军,但都痛失机遇。比如崇祯六年,十几万的民军在河北武安集结,明军彼时第一猛将曹文昭奉命围剿,完全可以将民军一锅端掉。不过明朝御史(不干实事专门打嘴炮的一类人)刘令誉在崇祯面前弹劾曹文昭,很快曹文昭被调离,任大同总兵,以致错失良机。崇祯其实是一个既勤勉又有才能的皇帝,可惜历史舞台出场顺序错了,导致命运多舛。

后世之鉴就是,一套优秀的制度能让一个国家受益很多年。

第5章

行为经济学

价格歧视

【修昔底德陷阱】 20世纪末期美国是如何击败日本经济的

日本在第二次世界大战时期虽然受到重创，但是军工底子厚，且作为战胜国之一的中国豁免了日本的巨额经济赔偿，加之其人力成本低廉，得以在20世纪60年代快速重新崛起。日本的发展战略是：贸易立国。这是一种"轻模式"的发展模式，不必背负很多重资产建设的巨大成本。

于是，作为世界头号玩家的美国便成了日本的轻工业出口对象，尤其是玩具和纺织品这类低附加值的工业品。日本属于岛国，一直以来资源匮乏，很多资源依赖进口，所以，日本对外的贸易顺差长期都是负数。

但是在1965年，凭借出口创汇，情况发生了逆转。1965年，日本对美贸易顺差第一次为正数，达到3.3亿美元。赚到第一桶金的日本，并没有满足，而是乘胜追击，在20世纪60年代末开始大量出口小汽车到北美市场。比如丰田汽车集团，70年代是丰田汽车公司飞速发展的黄金时期，从1972年到1976年仅四年时间，该公司就生产了1000万辆汽车，年产汽车达到200多万辆。

日本人造的汽车有什么特点呢？那就是轻薄、省油、便宜、可靠。在20世纪80年代之前，虽然日本汽车虽然已经出口到北美洲，但是并没有掀起轩然大波，因为日本汽车相对紧凑、轻薄，粗犷的美国人对此嗤之以鼻，笑称其为“玩具车”。但是转机就出现在“两伊战争”的打响之后。

1980 年 9 月 22 日，伊拉克总统萨达姆拥兵 120 万，为了完全控制位于波斯湾西北部的阿拉伯河，称霸海湾地区，掌控海湾地区的石油贸易，乘机在伊朗霍梅尼政权上台后政局动荡、经济恶化、军心不稳、与美国断交的时机，发动了入侵伊朗的战争，这场战争持续 8 年之久。直到 1987 年 7 月 23 日和 1988 年 7 月 18 日，伊拉克和伊朗才各自接受了联合国的停火决议，但双方直至 1988 年 8 月 20 日才正式停止国与国之间的斗殴。

而历史上美国经济分别在 1974 年、1980 年和 1982 年三次陷入经济衰退，同时通胀水平达到了历史高点，这段时间被经济学家称之为“滞胀”。两伊战争打响，加上欧佩克的内部分裂，1980 年，国际油价达到每桶 41 美金，大约上涨了 300%，脉冲式的成品油价上涨给日本汽车抢占整个北美市场起到了最终的催化剂作用。日本车大体上质量轻便、耗油量少、价格便宜、注意节能的设计，很快得到了在此之前一直大手大脚的美国人的青睐。

于是，进入 80 年代后，日本汽车工业代表之一的丰田汽车公司的产销量直线上升，到了 90 年代丰田汽车就更疯狂了，它年产汽车已经超过了 400 万辆，接近 500 万辆，击败美国本土福特汽车公司，汽车产量名列世界第二。汽车我们都知道，其不同于玩具和纺织品，是技术密集型的行业，尤其是发动机和变速箱技术具有很高的竞争壁垒。

于是，受到日本汽车冲击之后的美国底特律失业潮开始出现，美国汽车工人开始罢工，很多工厂开始关门。当时美国市场的日本汽车保有量已经很高，日本人破坏了美国的既得利益，同时让美国工人失去饭碗，后果很严重，甚至有人专门把日本车开到马路中间，然后抡起锤头将其砸个稀巴烂。即使你贴了车贴：车是日本车，心是美国心，那都没用！

终于美国参议院在 1985 年通过一项决议，全票通过日本为“不公平贸易国”，紧接着在随后两个月时间里，美国两院讨论了几百种报复日本的贸易法案，尽管大多数没有获批通过。但是可以看出，全球大哥大对新兴崛起的经济大国日本开始采取打压政策了，贸易保护主义开始抬头，里根政府开始动手了。

一种称之为“修昔底德陷阱”的大国博弈现象开始显现。

“修昔底德陷阱”最初由美国人埃里森提出。他指出，一个新兴崛起的大国必然挑战当今的大国，而当今的大国也必然迎接和压制这种挑战，这样战争就变得无法避免。修昔底德陷阱普遍存在于国际体系中权力结构的再分配所引发的国家间力量对比的变化。

从以往的历史看，国际体系的变革常常引发大国战争，未必是武力战争，随着“权力的转移”，也可能是发生经济制裁和贸易争端，其根源就是因为处于“主导地位”的当今大国担心因为崛起国家的挑战而失去霸主地位，因而转向全面牵制、掣肘，甚至是“先发制人”地打击崛起中的大国；而崛起中的大国希望按照自身新的实力地位重新获得国际利益的分配，常常不能忍受“主导性大国”的打压而变得“国强必霸”——急于挑战“主导性大国”，当然也有的新兴大国忍气吞声，比如“广场协议”中的日本政府。

修昔底德陷阱在整个人类史中具有一定的普遍性和适用性。比如在1495—1975 年的 480 年时间里，欧洲共发生了 119 次大国战争，而其中霸权国与新兴崛起大国同时参加对立同盟的战争多达 64 次，超过一半之多。

上面我们说到日本人在 20 世纪 60 年代对美国倾销纺织品和玩具，70/80 年代对美倾销汽车和电子设备。1980 年爆发的“两伊战争”让日本高技术产品迅速在美国市场破局。1985 年，美国里根政府把日本列为“不公平贸易国”。

虽然时任首相的中曾根康弘和时任外相的安倍晋太郎，也就是安倍晋三的父亲，对美政府毕恭毕敬，期望维系这种对美贸易顺差的大环境，但是大国博弈依然脱不了“透过现象看本质”的真谛。美国人告诉日本人：日元兑美元汇率 240 太低，日本政府在有意压低汇率，日本是汇率操作国。

听起来，就如同现在美国指责咱们中国是汇率操纵国一样，是不是很耳熟？美国经济下行时往往从外部找原因，尤其是汇率这一块。美国人对日本人说了，日元被严重低估，导致日本商品价格低廉，导致美国人不买美国货，日元应该升值；再说日元升值也挺好的，有利于日本国民外出旅游。

但是，日本人 20 世纪后期的习惯是银行存款，不会大手大脚的消费，虽然这种厉行节俭、勤俭持家的风尚 20 世纪 80 年代末至 90 年代被非理性繁荣的经济泡沫打破。这是后话，在此不表。

此时，外部压力，日元必须升值；而同时，日本内部对日元升值也不排斥，甚至政府主旋律也认为此举是极好的。日本大藏省判断日元升值可以帮助日本推动经济结构改革，还可以提高日元的流动性，增加日本本国人民的购买力。可不是嘛，日元升值了，钱值钱了，对于长期依赖出口的日本来讲，这是一次以出口转内销的经济结构调整的绝好机会。就这样，周瑜打黄盖，一个愿打一个愿挨，你情我愿、半推半就就上下齐心达成日元升值的共识了。

1985 年 9 月 22 日美东时间上午 11 点整，这是一个重要的历史时刻。世界经济五强，美、日、英、德、法五国财长齐聚曼哈顿广场酒店，签订“广场协议”。这是人类第一次大规模集体干预汇率的事件。之前没有，到现在也没有重演过，如果说还有类似影响和意义的，那应该可以追溯到 1944 年布雷顿森林体系，这个体系跟本节内容无关，我们这次不展开说。

会议决议，日元、英镑、马克、法郎升值，以便使美元相对贬值。“广场协议”被认为是 20 世纪末期日本经济衰退的始作俑者和罪魁祸首。现在回过头来看，这并不是事实的全部。日本政府的经济刺激政策也是昏招频出。

当天下午，民营金融机构美联储投放 2.5 亿美金到市场，美国央行大规模放水，增加流动性，美元进一步贬值。美国政府操纵汇率的真实意图是：让美国人少买外国货，让外国人多买美国货。美元贬值，美国商品就会物美价廉，在国际市场就会充满竞争力。

明确的政策导向一出来，日本人再也不勤俭工作了，而且日元还在不断升值。炒外汇的民众热情空前高涨。在这种形势下，谁都知道，做多日元闭着眼睛都能赚钱。彼时日本，投机情绪高涨。

原本日本政府经过测算，汇率上涨 20%，日本国内企业大体是能够承受的。但没有预想到的是，仅仅过了一年，日元对美元汇率就大涨了 20%，而且态势一发不可收拾。中曾根康弘政府瞬间慌乱了，快速拟定经济政策“三板斧”来修正：

首先是倡导节约资源。我们知道丰田汽车有一个“TPS 精实生产模式”，就是通过严格的作业 SOP 在生产各个细微环节，严控资源的浪费。TPS 不仅在日本国内盛行，而且冲出亚洲，走向世界，尤其在东亚。台湾知名电子设备研发和生产商华硕和名硕，就特别推崇“TPS精实生产模式”，连员工薪资袋上都印有TPS的基本理念。

其次是把生产力成本转嫁到中国。当时，中国正处于人口红利时期，80年代改革开放不久，国内地方政府十分热衷招商引资，各种税收减免和政策绿灯出台，比如环保，十分盛行。所以，一定程度上说，中国人口红利成就了日本的崛起。当然，两国也是一种相辅相成的关系，中方也需要日本的资金和技术。

最后就是降息。汇率上涨导致日本第二产业成本高涨，通过低利率资金可以大大缓解企业的经营负担。从1986年1月日本央行下调基本利率为4.5%，到1987年2月基本利率为2.5%，且持续了两年多的时间。现在来看，这是一个昏招。愿望是美好的，但是不符合市场规律，更不符合人性的丑恶。

日本当时呈现的情况就是，不做实业，炒作汇率就能赚钱，赚钱太容易，幸福来得太突然。

银行利率很低，贷款出来的资金又加入到炒汇大军中，资金空转，并没有流入到实体经济。

概括起来就是，彼时的日本，中产阶级和精英思想被腐蚀了，都想不劳而获。赖以生存的工业快速空心化，都去玩金融泡沫了。一场挟裹着全民财富的金融泡沫正在喷涌而来！

上面我们讲到，那时候的日本人，都想不劳而获。工业利润稀薄，也没人愿意做，都去搞金融了。

于是，全民金融，都去炒汇、炒股和炒房。

日本人严重低估了汇率对经济的影响和冲击。

首先是政府收入的大幅减少。打个比方，日本在美国销售一台电脑，假如净利润是1美金的话，换成日元就是250日元；但是日元升值了，250日元可能就变成了150日元。

日本企业难以承受汇率上涨带来的负担。于是，日本首相中曾根康弘在1987年宣布减税一万亿日元，放水五万亿日元。

其次是日本经济开始脱实向虚。本来投机金融就让日本产业空心化，而且中曾根康弘的上述信贷宽松政策进一步加剧了产业没落——原因在于，如此低成本的资金都拿到其他国家比如中国，大举建设工厂去了。而且此举还会造成日本民众就业率得不到提升。

最后，就只能通过投机金融的方式炒作汇率，用通过银行低利率贷款等各个渠道获得的资金进行炒股。我们来看两组日本股票数据：

第一组：1989 年是日本股市达到泡沫之前最后的顶峰，东京证券交易所日均交易额达到 8.8 兆日元，总市值一举突破了 611 兆日元，占到了全球证券市场 28%的市值比率。

第二组：日本电报电话 NTT 是一只神一样的股票，NTT 在 1987 年2 月 9 日 IPO 首日发行价 120 万日元，而到了 4 月 22 日股价就已经上涨到 318 万日元，在这短短 72 天内，NTT 股价上涨了 265%，这种情境下，股民觉得只要能够打新成功，就 100%稳赚不赔。

不过国家队的行为从来都起着风向标的作用。在金融泡沫期间，日本大藏省向资本市场兜售了市值达 10.2 兆日元的 NTT 股票，选择相信日本政府的小散们最终接盘了，而大藏省也成了最终的赢家。最后股市泡沫破裂，NTT 股价跌去 99%，注意是 99%！无数人失去了终身积累的财富。

大企业利用政府低息贷款开始炒作地皮和房产，民众通过炒作汇率和股市赚取的第一桶金也用于投资房地产，房地产泡沫随之突然增大。房地产套现之后，再去购买更大、更贵的地皮和地产。如此循环往复。随之而来是纸醉金迷、不劳而获的生活态度。那时候是名副其实的挥金如土。

上帝欲使其灭亡，必先使之疯狂。

1991 年，日本房价开始断崖式下跌，企业关闭潮和裁员潮盛行。股市泡沫破灭。根据统计数据，1991—1995 年，日本 GDP 年增长率只有区区的 1.44%，经济基本处于休克状态。日本人经历了不求天长地久、只求曾经拥有的梦幻历程。

人们在复盘日本 20 世纪失落的 10 年或者 20 年的时候，往往会漏掉一个非常有投资价值的细节，我们来重点分析一下。

在日本失落的十年过程中，各大类资产分别表现是：

- 日本股市累计下跌了 50%；

● 房地产价格累计下跌了75%；

● 日本债券却逆势上涨了100%。

债券的逆势上涨主要有两个原因，一是日本国内长期的0利率水平，导致市场利率中枢下降，从而推动债券价格上涨；二是泡沫时期各类资产表现都不好，债券是一种相对可选的资产避险工具，民众积极参与申购也推高了债券的价格。

以史为鉴，我们可以知兴衰。

金融泡沫破灭之后的10年被称为“日本失去的10年”，而在此后的20年被称为“日本失去的20年”，直至2010年中国超越日本成为世界GDP总量第二大的国家。而世界第二的称号日本保持了42年，将近半个世纪。2012年第二次当选首相的安倍晋三顺应日本国内民众想再次在国际舞台上扬名立万的潮流，推出了“安倍经济学”。

金融泡沫破灭之后，日本国民经济受到冲击和损失。物质的萎缩一定程度上也导致了精神的萎靡，日本进入低欲望社会甚至零欲望社会。不过，日本国内生产力水平完好无损，能继续满足国民丰富的生活需求；同时，日本福利待遇完善，加上不会有房贷这种透支几个家庭收入的重担，所以国民的幸福感并没有下降多少。

【有限合伙】 三国刘皇叔也有鲜为人知的一面

三国里的刘备给人很“苦”的印象，前半生一直被人追着打，后半生终于在成都称帝建立了蜀汉集团(即公元221年)。

那刘备是怎么成功的呢？

先通过桃园三结义拉关羽(技术)、张飞(资金)入股，随后三顾茅庐，跪求诸葛亮(智商)加盟。

这样，作为一家初创公司，idea有了，攻城师也有了，理论上，刘备只要躺着谈谈情怀、贩卖梦想就行了。

说到这里，你是不是明白了，原来刘备是中国有限合伙模式的祖师爷啊。

有限合伙是指一名以上普通合伙人与一名以上有限合伙人所组成的合伙，在本质上它是合伙的特殊形式之一，而不是公司。

有限合伙作用非常大。比如用在企业股权激励中。企业初创期为了激励员工通常采用股权激励，但是初创期员工激励人数多且人员流动性大，用有限合伙作为母公司代持股权可以保证企业的股权稳定，且有限合伙人数虽然最多50人，但是有限合伙可以穿透啊，所以股权激励的人数可以很多，一些著名的企业都采用此种方式进行股权激励，比如携程网。

有限合伙人可以像有限公司的股东一样，只对合伙的对外债务承担有限责任，即“投多少赔多少”，比如关羽、张飞都属于有限合伙人，而普通合伙人必须把全部身家都压上去，当然回报也多，还拥有对企业的管理权，比如刘备。

不过“面膜”要告诉您的是，不论是有限合伙还是无限合伙，合伙有默契的叫团队，没默契的只能叫团伙。

相比有限公司，有限合伙企业具有更高的约束纪律，可以保证企业结构简单、管理费用低、内部关系紧密及决策效率高。

目前网上很火的众筹，如众筹咖啡馆、众筹拍电影、股权众筹等，大多都是以有限合伙这种组织形式作为载体利用网络平台来融资的。

通过上面的解释，你大概知道刘皇叔的运作思路了吧：

第 1 步：编造皇室贵胄身世，中山靖王之后。

第 2 步：招募合伙人。

第 3 步：桃园三结义成立有限合伙组织，并且感召黄忠、赵云、诸葛先生等作为出资、出力的有限合伙人 LP。

第 4 步：有了势力之后，被一致推举为徐州“市委书记”。

如果你还是没懂，这里还有个段子助你明白。

天冷了，小明想吃火锅，又懒得出去，咋办呢？小明想到一个妙招。

邀请 5 个小伙伴来家里玩。给第 1 个小伙伴电话说：“顺路买点菜来，就差蔬菜了。”接着对第 2 个小伙伴说：“顺路买点羊肉，就差肉了。”然后对第 3 个小伙伴说：“顺路买点冻豆腐各种丸子啥的，就差这个了。”之后对第 4 个小伙伴说：“就差酒了。”最后对第 5 个小伙伴说：“火锅底料不够了，带点来。”然后，小明挂掉电话烧锅开水坐等……

再回到金融领域。一些财富管理公司，以有限合伙制基金为名，发行固定收益承诺的产品、债务筹措资金，这往往是陷阱。全球范围内，基金都是收益浮动的净值型产品，中国的基金法明确规定了不得承诺固定收益。以基金的名义，不做风险定价，承诺固定回报，本质上是违规的。

【机会成本】 找对象到底该不该将就?

有个很经典的小故事说,有一头驴,它非常饿,到处找吃的,终于看到了两堆草。它迅速跑过去,却为难了,因为两堆草同样鲜嫩,它不知道应该先吃哪一堆。它犹豫不决,在两堆草之间徘徊,一直思考先吃哪一堆,也一直下不了决定,最终这头驴饿死了。

这个故事说的就是机会成本。

机会成本又称“选择成本”,是指采取某一方案而放弃其他方案,其他方案所带来的收益即为采纳方案的机会成本,可以简单、直观地理解为:你的选择带来的成本。比如,你有一间房子可以出租,也可以做生意。假如出租,每月可以收到 3500 元的租金;你如果选择自己做生意的话,就会失去每月的租金,那每月 3500 元的租金就是你选择自己做生意的机会成本。

需要注意的是,机会成本必须是决策者可选择的项目。若不是决策者可选择的项目便不属于决策者的机会。例如某农民只会养鸭和养鸡,那么养马显然就不会是这个农民的机会了。

也就是说,为了得到一种东西而必须放弃另一种东西。要想对备选方案的经济效益做出正确的判断与评价,必须在做决策前进行分析,将已放弃的方案可能获得的潜在收益作为被选取的机会成本计算进来。这就是我们说的“有得必有失”。

比如一个农民有一块土地，他可以用来种小麦、种蔬菜、养猪。假设这块地种小麦的成本是100元，种蔬菜的成本是150元，如果养猪的话，将会收益200元。如果农民拿这块地用来种蔬菜了，相应的他就不能种小麦或养猪，那么他种蔬菜的成本是多少呢？是150元吗？不是，150元只是会计成本，真正的成本是200元，即他舍弃的另外两个项目中价值最大的那一个项目的价值！

面对有限的资源，为了能够得到自己想要的，人们必须有所放弃。由此看来，做出选择并不是一件很容易的事，其根源在于在资源有限的情况下，有所得必有所失。鱼和熊掌不能兼得时，选择吃鱼，那么就不能吃熊掌，熊掌就是选择吃鱼的机会成行本。经济学家常说世界上没有免费的午餐，就是指任何选择行为都有机会成本。

用这个经济学原理还能用来理性分析找对象该不该将就这个问题。

现在的80、90后都已进入适婚年龄，但是很多人不能一下子就找到满意的对象，会面临家人的逼婚。

比如，90后的小花（女）身边有众多追求者，但一直没有找到合适的对象，这个时候小花有两个选择：

第一，有总比没有强，即便不喜欢对方，但只要对方肯付出时间和感情，也能凑合着过；

第二，坚决不妥协，相信一定能够找到真爱，万一以后遇上男神那不就亏大了。

那么小花就要考虑收益与成本并做出权衡取舍，需要明白将就意味着放弃和更合适的人交往的可能，而等待所付出的时间成本则是无法收回的。

机会成本可以分析很多领域，生活中到处存在着机会成本，比如现在你可以选择继续沉迷游戏，也可以选择读我们的文章以获取知识。善于利用机会成本分析利弊，就可以做出理性的选择，相信爱学习的你一定可以做出更好的选择。

【价格歧视】 你是如何被商家“忽悠”的?

刘女士花了 2000 元买了一部新款的时尚手机,不仅价格低,而且款式和功能也很好,她爱如至宝。

可是刘女士去了一趟朋友家,先前的高兴劲儿就消失得全无影踪了。因为她那个朋友最近也买了同一款手机,才花了 1500 元!

原来刘女士朋友的儿子今年上了大学,那款手机在他们学校进行助学活动,只要凭学生证购买就能享受优惠。刘女士朋友的儿子就给她买了一部。

为什么同样一部手机在校园里和在商场里的价格差别竟这么大呢?这就要聊到我们今天讲的话题——价格歧视。

“价格歧视”是指商品供给者以不同价格向不同顾客出售同一种物品的经营做法。通俗地说就是“同物不同价”。

另外,随着电子商务的普遍化,传统企业为了防止线下和线上各自的销售渠道价格体系不乱,但是两类渠道定位有差异,所以就制定了“同价不同质”的策略,也就是价格看起来线下线上是一样的,但是商品质量不一样,线上的商品往往是专供的,会稍逊于线下门店的质量,这也是“价格歧视”的另一种表现形式。

为什么会出现价格歧视呢？这是因为在资源供给固定的情况下，随着价格增加，购买的人数会减少；价格降低了，购买的人数就会增多。

对于一个特定区间的价格，过高会影响买这个东西的人数；过低又可能赚不到钱。

这个时候，如果把顾客分类，让愿意出高价的人用高价买，愿意出低价的人用低价买，卖家提供多少产品就能卖出多少产品，既不会浪费，也不会供不应求，商家就能实现利益最大化。

生活中，价格歧视的例子比比皆是。比如，麦当劳饮料第二杯半价；超市会员购物比非会员要便宜；手机话费白天和晚上有不同的定价；团购买电影票比较便宜；有的舞厅女士可以免票。

我们去淘宝买东西，会发现商家一般不会将商品的价格降低，而是向消费者发放抵用券。

这些卖家为何要采用发放抵用券的促销策略，而不直接降价呢？这是因为商家知道，并不是所有的顾客都习惯使用抵用券买东西，抵用券的使用率并非100%。

是否使用抵用券与顾客对价格的敏感程度直接相关：

一般来说，较高收入的人群买东西对抵用券并不敏感，也不在乎抵用券能省下多少钱。

相反，对于低收入人群而言，绝大多数都会使用抵用券，因为他们对价格更敏感，更希望享受到优惠。

淘宝商家通过发放抵用券，吸引一部分低收入人群，激发他们潜在的消费需求，实际上就是成功地实行了价格歧视，并从中多赚了钱。

学完上面这个定价原理，你是不是感觉生活处处是套路啊？

价格歧视短期对商家有利，但是长期会损害客户体验。

【锚定效应】 为啥说商家比你更会“撩妹”?

各位“面粉”们有没有这样的体会:你去商场买衣服,服务员会先给你推荐很贵的衣服,当你面露难色时,服务员又会很贴心地给你推荐一件价位稍低的。

然后你如释重负,觉得后一件衣服也蛮合适的,于是你愉快地买了一件衣服。

同样的,当你去买电脑、买手机时,销售员也是先带你看比较贵的,接着才推荐你买得起的。为什么商家总是首先给消费者推荐贵的商品呢?

原来,一旦高价格成为你心中的参照点,那么,接下来店家真正想卖的东西,你就不会觉得那么贵了,你购买的概率也会大。

这个规律是一个心理学现象,叫锚定效应。

锚定效应由诺贝尔经济学奖得主丹尼尔·卡尼曼在1974年提出。

锚定效应,是指人们在做出判断时易受第一印象或第一信息即初始锚的支配,以初始锚为参照点进行调整,但由于调整不充分而使得最后判断偏向该锚的一种判断偏差现象。

例如,卖家说这件衣服要卖1000元,你的砍价范围一般可能就在500～800元之间。

该效应在电子商务中的应用更加明显。网上商品一般分为品牌款、走量款和利润款，利润款的商品不同于品牌款和走量款商品，其承载的主要职能就是赚取利润，所以一般价格都比较昂贵。商家为了把利润款的销售搞上去，一般会在利润款位置的附近放置价格高得离谱的其他商品。由于客户价格比对之后的锚定效应，能有力促进利润款商品的销售速度。

作为一种心理现象，锚定效应普遍存在于生活的方方面面。

锚定效应在消费者的购买决策中起着重要作用，而消费者的经验和对商品的直觉是两个主要的锚，消费者根据经验和直觉对商品价值进行判断。

20 世纪 30 年代，美国正遭遇经济大萧条，但奢侈品品牌爱马仕创始人拉尔夫·劳伦却卖起了 1.4 万美元一件的鳄鱼皮手袋，标价 33 万美元一只的手表。

要知道，这些价格都是在 90 年前，如果把当年的购买力换算成今天的美元，那么，鳄鱼手袋要卖到 19 万美元，手表卖到 450 万美元。

很多人认为，劳伦一定疯了，经济都崩盘了，还卖这么贵，谁会买呢！

但实际情况却恰恰相反，劳伦的两家店生意都很好。

虽然没人买鳄鱼手袋和天价手表，但店里的其他商品却大卖特卖。

套路是不是很熟悉？锚定效应的应用都是触类旁通的。

这其中的秘诀自然就是利用了消费者心中的锚定效应。

鳄鱼手袋和天价手表制造了高价锚点，跟它一比，消费者相中的其他大部分商品，就显得很便宜了。

除了在销售商品时应用，锚定效应另外一个用武之地是在谈判桌上。

很多人在谈判时都不愿意最先报价，生怕先开口就会暴露自己的策略和弱点。

但锚定效应告诉我们，先发制人的效果可能要更好。

因为先报出的价格会成为锚点，后续的谈判就会一直围绕着这个价格展开。

而且这个价格越高越好，当然也不要太离谱，以免惹怒对方，不论是求职面试、申请加薪、买东西砍价，还是各种各样的商业谈判，抢先曝出自己想要的价格，永远是最好的策略。反之，如果是被动谈判的一方，清楚自己的底线也同样重要。

很多男生在约女生的时候，常常会被拒绝，多是因为发出了没有锚点的邀请，如“出去玩好吗？”

如果充分应用锚定效应，那么约会成功的概率会高很多。

如“出去玩玩吧，逛街或者逛书店，随你”。

在这里，“逛街”或“逛书店”便是“锚点”，女孩无论选择哪一种，男生的目的都达到了，显然，第二种问法更有利于邀请者。

早餐拍档，有经验的摊主都会问你：“是要加一个茶叶蛋还是两个？”不会问你“要不要茶叶蛋？”

实际上，锚定效应是如此强大，已经成为人类认识世界的底层逻辑。

诺贝尔奖得主卡尼曼通过实验发现，连房地产经纪人、法官这样的专业人士都会被锚点牵着鼻子走。

“面粉”朋友们，您在生活中，是不是已经不自觉的使用锚定效应了呢？

【反身性】 因为它，索罗斯赚了 396 亿美元

说起索罗斯，估计没有人不知道。

令人称奇的是索罗斯把他近 180 亿美元的个人财富捐给了慈善组织。

索罗斯旗下的量子基金在 40 年管理期内获利高达 396 亿美元，可以说是史上最成功的对冲基金。20 世纪 70 年代，全球股市大多低迷，但索罗斯自创的反身性理论帮助他逆市狂赚，10 年时间里回报率超过 4000％。

那么，什么是反身性理论？反身性理论，也叫反射性理论，最早由 William Thomas 在 20 世纪 20 年代提出，索罗斯将反身性理论推向了发展高潮。

索罗斯认为，市场中，投资者的偏见是驱动市场的源动力。

就如同弗洛伊德认为，力比多是驱动人类进步的源动力。

当投资者的偏见趋于零散时，市场呈现出趋于均衡的状态；

当投资者的投资偏见形成方向性积聚时，市场的状态就会发生方向性的改变。

举个例子：

小明和小强一块去菜市场买菜，走着走着，小明突然发现小强不见了。

回头一看，原来小强被甩在了后面，也看不清小强在干什么。

这个时候，小明就要做出分析了：

如果小强是停下来玩耍的，那么小强很快就会自己追上来。这种情况，对于市场来说，就意味着市场维持着此前的均衡状态。

如果小强摔倒了或者昏迷了，那么小明就必须回头，送小强上医院，他们就不能继续去菜市场买菜了。这种情况，对于市场来说，就意味着市场打破了此前的均衡状态，出现了反转。

反射理论解释了投资者与市场的互动关系：投资者的偏见推动市场波动，而市场波动本身也会反过来影响投资者的决策。

这些决策会进一步改变市场原有的发展方向，形成新的信息，并反射出一种新的市场形态。

反身性在日常生活中也会见到，你对周围的人友善，别人也会报以善意，你可能因此认识很多朋友，或者合作伙伴；反之，如果你处处以自我为中心，脾气暴躁，对人没有礼貌，别人也会对你冷漠，无形之中你可能会失去很多发展机会。

如果一个人的意志力足够强大，他可以改变事情原来的结局。比如京东刘强东就靠着不认命、不服输的性格，才有了今天偌大的购物平台。想象一下，如果没有这种精神，或许现在的刘强东也只是一个小商贩或者普通职员而已。

环境会影响你，你也会改变环境，这就是这个世界神奇的地方。

索罗斯在1978年出版的第一本书《金融炼金术》中反复强调，市场并不是像教科书所讲的那样理性和有效，而是具有高度的不确定性和反身性，这会导致市场出现泡沫和崩溃。

当投机者普遍认为美元会升值时，他们入场买入美元。

这一投机现象的结果是美国的经济因为美元流入而获得刺激，反过来这也进一步推升了投机者对美元升值的预期。

同样的原理也可以用在其他资产，当投机者普遍看好一只股票时，它往往会具有自我强化效应。

因为一致预期会使更多人追逐它，让趋势被确立。

趋势一旦确立，就不会轻易停止。

这个时候，股票短期的上涨趋势已经与个股的基本面无关，而是与人类的贪欲呈正相关。

不过，索罗斯也认为，盛极而衰，物极必反。所有的宴会都有散尽的时候。

反射理论让我们认识到，资本市场原来是一个非常主观的市场。

所以“面膜”认为，要成为一个优秀的投资者，我们必须深刻认识到人性力量的强大，当趋势来时，不要尝试改变它，而是追随它。正如老子所言“抱残守缺，如婴儿之柔弱”。

【马太效应】 为什么强者越强、弱者越弱?

找工作历来是年轻人最为重要的一件事,但不同条件的人却遭遇不同。某媒体报道,萧山一位姑娘在求职中就遇到了挫折,因为在谈到薪资问题时,老板坚决认为“员工应该先为公司创造价值,之后才能谈薪水的问题”,最终双方闹得不欢而散。

尽管网友纷纷对老板的言行进行了批评,但也真实反映出企业在雇用关系中的优势地位,以及折射出到底应该先谈薪还是先谈工作的难题。

而另一则新闻又是一番景象。

由于人工智能的巨大发展前景,人工智能领域的人才身价也水涨船高,不论是应届生还是自学成才,只要懂点人工智能,年薪都能高达30万~50万美元。

包括谷歌、Facebook在内的大公司都已经加入到了“抢人”的行列。

一方面是高阶人士供不应求,另一方面则是初级人才供给过剩,这就是我们今天要聊到的马太效应。

什么是马太效应?简单地讲,是指好的越好、坏的越坏,多的越多、少的越少,强者越强、弱者越弱的一种现象。比如房地产行业和互联网行业,近年来就呈现出“大者恒大,强者恒强”的马太效应。

马太效应在股市、楼市中表现得尤其明显:股市或房产的价格上升导致价格的进一步上升，即泡沫现象；价格下降导致进一步下降，即崩盘现象。

从公司发展来看，互联网巨头 BAT（百度、阿里巴巴、腾讯）就是“马太效应”好的那一方，聚集了大量的人才、开发了很多优质的项目，进而产生大量的现金流，这样循环往复，公司体量也像滚雪球一样越来越大。

同时，该名词也是社会学家和经济学家们常用的术语，反映的社会现象是两极分化，即富的更富，穷的更穷。

从微观角度观察，马太效应也存在于职场中。同样是大学毕业，有些人如脚底踩了弹簧一样快速升职，职位和薪资如火箭般蹿升，而有些人则几年、甚至几十年纹丝不动安如山。

下面这位主人公就是受到马太效应惩罚的典型例子。

小皮毕业于一所二本大学的设计专业，毕业后到了一家广告公司做设计，每天应付客户的各种需求，忙得焦头烂额。

除了工作中的各种忙外，最让小皮憋屈的是，自己觉得不错的设计，却常常被老板改得面目全非。一想到这里，小皮咬咬牙就辞职了。

接下来，小皮在摄影工作室找到了一份工作，负责制作宣传图片和海报。然而，工作室不比大公司，工作条件非常简陋，待遇也很一般，小皮又萌生了辞职的想法。

后来小皮跳槽到一家公司做网页设计，但还不是很满意，抱怨没有发展前景。

于是，小皮一辞再辞，一换再换，几年时间换了十几份工作，不是这里有缺陷就是那里不满意，没一份工作能有自己想象中那么好。

如今，小皮仍在求职网站与刚毕业的年轻人竞争一样的岗位，而他的同学呢，很多人都是在一家单位踏踏实实工作了好几年，都有了自己负责的项目或者自己出来开公司。

同样的学校毕业，几年之后，差距拉开这么大，这不能怪自己运气差，其实是陷入了马太效应的恶性循环。

马太效应是一种积累效应。对于强者来说，随着优势不断的积累，将会获得更多机会，变得更强，从而将弱者甩开更大的距离。

马太效应让很多年轻人被动地被岁月抛下一大截。

【非理性繁荣】 警惕菜市场大妈、撞树大爷们一把梭！

曾几何时，全世界资产价格都在涨涨涨，就连亚洲二线市场越南的股市也不断创新高。在百度里搜索泡沫，你会发现，排在前面的是共享单车、比特币还有港股、美股。

投资风口茅台、比特币、港股、美股基本都是上涨贯穿全年。如果你2017年没有买过这些资产，就只能好好上班靠工资收入了。不过，资产价格处在高位时各位还是不要轻易再去追了。正所谓物极必反，当这些资产涨到这么高的位置时，风险可能也随之而来。

《人民日报》在2018年1月11日第22版刊登的中国社科院研究员张明的文章说道：美国股市2018年开局火爆。道琼斯工业平均指数、标准普尔500指数和纳斯达克综合指数分别突破了25000点、2700点与7000点，均创下历史新高。三大指数在2017年分别上涨了25％、19％与28％。而在过去9年内，上述三大指数分别上涨了195％、209％与356％。

但是其后作者突然话锋一转，接着说道："盛极必衰，规律使然。2018年美国股市走势具有很强的不确定性，投资者应警惕和防范风险。"果然预测很准，一语成谶。2018年7月26日，因业绩较差，Facebook盘后一口气跌去了20％，市值被抹去1230亿美元，相当于1.3个百度、2.4个京东、4个网易、6个微博、120个搜狐。即使美股发展了这么多年，这么成熟的金融市场依然存在极大的不确定性。

美银美林曾警告非理性繁荣可能给市场带来灾难；管理达1000亿美元的橡树资本创始人霍华德·马克斯也表示，我们目前可能处在非理性繁荣的某个阶段。那么，到底什么是非理性繁荣？它对资产价格意味着什么呢？

非理性繁荣，是指资产价格脱离决定其价值的基本面因素，主要由市场参与主体的主观判断，资产价格出现的持续上涨现象。比如，一个小镇的馒头一直是1元一个，突然有一天有个喜欢吃馒头的土豪，不停地买馒头，导致小镇的馒头供不应求，土豪的行为吸引了其他人跟风抢购馒头，于是馒头逐渐被炒到了100元一个，这个时候，小镇的馒头价格相对其他地方就是非理性繁荣了。

非理性繁荣的概念由2013年诺贝尔经济学奖得主罗伯特·希勒提出。非理性繁荣是投机性泡沫的心理基础，投机性心理泡沫（也就是价格上涨的信息）刺激了人们的投资热情，这种热情通过人与人之间的相互影响不断地扩散（是不是跟之前的“反身性理论”有点类似）。这个过程当中，越来越多的投资者进入了这个市场，加入了推动价格上涨的投机行列，完全不考虑资产的实际价值，而一味地沉浸在对其他投机者发迹的羡慕和赌徒般的兴奋当中。

非理性繁荣过后，泡沫崩盘带来的结果是非常可怕的，引发股市崩盘，经济大萧条，无数人一夜之间倾家荡产。

比如1929年的那次美国历史上最严重的股市崩溃，股票突然急剧下跌，根本停不下来，连续跌了34个月。道琼斯工业指数下跌87.4%，一些重要行业的股票跌幅均在90%以上，上万家企业及银行破产，还波及到世界其他国家。

那么，到底是什么导致了非理性繁荣？如果能够明白非理性繁荣的形成原因，我们就可以与泡沫共舞，在牛市盛宴结束前安全离开，虽然这在实操中会很难。

市场上涨需要理由，而走向疯狂一定是所有人都知道这些理由。一般来说，宽松的货币政策，也就是我们熟知的央行放水，是股市上涨的重要原因。从 2008 年金融危机开始，全球主要国家都开始实行宽松货币政策，也就是在这期间，全球股市都出现了牛市行情，特别是美国股市。而现在主要国家的央行都打算回收流动性，美国、英国和加拿大都已经开始了实质性的加息，因此，在这种情况下，股市面临下跌的风险也就越来越大。

当故事有了一条主线的时候，市场就会自发地添油加醋，让情节变得丰富多彩起来，最终完成整个非理性繁荣的全过程。媒体、股票分析师充当牛市神话的传播者，当股票形势一片大好时，我们周围总是充斥着各种一夜暴富的故事，而媒体的推波助澜，把那些本不该加入资本市场的人引入其中。在媒体、分析师的壮胆下，那些本不该踏入资本市场的人战战兢兢赚到了第一桶金后，便一发不可收拾，赚钱效应、羊群效应让他们失去理性，自信心爆棚。最终，当菜市场的大妈、撞树的大爷都热烈地谈论股票、准备一把梭时，也就是非理性繁荣走向破灭的时候了。

资本市场“韭菜”的悲剧不仅是因为赔钱，最重要的是在满载而归，即将上岸之际，再次沦为“韭菜”。

【居民杠杆率】 月入过万,年轻人却不敢花钱

在北、上、广、深等一线城市生活的年轻人一定有这样的体会:每个月工资不低,起码也有上万元的收入,但平时却舍不得花钱,总感觉到一种无形的压力。这样的状态就像前几年热播剧《蜗居》中郭海萍的人生写照:

"每天一睁开眼,就有一串数字蹦出脑海:房贷六千,吃穿用度两千五,冉冉上幼儿园一千五,人情往来六百,交通费五百八,物业管理费三四百,手机通话费两百五,还有煤气水电费两百。也就是说,从苏醒的第一个呼吸起,每天要至少进账四百,至少……这就是活在这个城市的成本。这些数字逼得我一天都不敢懈怠,根本来不及细想未来十年。"

是的,年轻人收入虽然不低,但在巨大的"应付"面前还是显得很薄弱。那么,当前中国人的债务水平处于什么状态呢?

居民杠杆率,是指住户部门的总债务占名义 GDP 的比例,是衡量居民负债情况的一个重要指标。

比如,某一年,我国居民的总负债余额为 40 万亿元,当年的 GDP 为 80 万亿元,那么这一年的居民杠杆率就是 40/80=50%,表征居民透支消费的程度。

1996 年中国居民杠杆率只有 3%,2008 年也仅为 18%,但是自 2008 年

金融危机以来，居民杠杆率就开始迅速增长，到2018年一季度居民杠杆率飙升到50%附近，短短10年，翻了两倍，这与不少发达经济体60%以上的居民杠杆率水平已经相差无几。

居民杠杆率的快速飙升，与房价的快速上涨密不可分。以大城市举例，诸多机会与巨大的发展空间，吸引着无数年轻人的涌入。但房价的连连上涨，他们产生了"如果现在不买，以后更买不起"的预期。于是，贷款买房成了很多年轻人的最佳选择，由此也背负了一身的长期巨额债务。最近几年，房贷不断创出新高，几乎撑起银行贷款的半壁江山：

2015年新增居民贷款3.87万亿元，占当年全部贷款的33%。

2016年新增居民贷款6.33万亿元，占总贷款的50.04%。

2017年的增幅虽然有所下滑，但也创下了7.13万亿元的新高，占比高达52.7%。

要知道，在居民贷款里，高达70%以上都是中长期的房贷。而在短期贷款里，资金也多数通过消费贷、现金贷等套现方式违规流入楼市。数据显示，44岁以下的人群是负债购房的主体，这反映出，年轻人群已经成为负债一族的主要成员。

更为重要的是，美国居民部门债务率从20%提升到50%以上，用了将近40年的时间，而中国只用了不到10年，中国居民杠杆率飙升速度之快可见一斑。

过高的负债率已经抑制到居民的消费。2017年社会消费品零售总额的增速，并没有出现显著回升。比如，从2016年开始，茅台酒持续涨价，并且销量增速大幅上升，但白酒的销量增速却反而回落了。同样的，根据乘用车市场信息联合会的数据，中国2017年广义乘用车销量2420万辆，同比仅增长1.5%，比2016年的15.9%大幅下降。但与此同时，豪华乘用车的销量增速预期却超过了20%。这种"背离"现象不仅发生在白酒和汽车行业，其他很多行业也有类似现象，即高端商品消费价量齐升，但中低端商品销量却持续回落，这便是所谓的"消费分级"的缩影。

据苏宁金融研究院的数据，按照今天的居民负债程度，如果一个人每月可以支配的收入为1万元，那么他首先需要从中拿出7710元用于还债，如房贷，如此一来，剩下的 2000 多元才是他真实的可供日常开支的收入。

中国居民杠杆率快速上升，而且多集中在房地产领域，这除了让老百姓的生活压力更大外，还引发了人们对次贷危机与房地产泡沫的担忧。

“面膜”觉得，对于普通老百姓来说，不管自己赚多少，压力有多大，保持一颗乐观豁达的心比什么都重要。比如就有这么一个姑娘，她背上行囊离开城市，在乡下隐居，靠 1 万元过上了童话里的生活。当然，“面膜”不是希望每个人都去乡下生活，而是这种对生活的态度非常值得我们学习。

【格雷欣法则】 冰雪大世界宰客与“劣币现象”

年末被认为是去北方体验某冰雪大世界的好时机。然而，频频发生的“宰客事件”，让去玩雪的游客一脸懵圈。

网上爆出，某冰雪大世界的一碗泡面要 60 元，在携程上预订的三人火炕房两晚 552 元，但去了以后，店家说只能住一晚，第二天得住大通铺。事件发生后，有关部门很快做出反应，重罚了店家。但没几天，网络上又爆出，当地女导游让游客购买 1680 元的游乐项目，还说“九个月磨刀，三个月宰羊，大家都是羊”。这些新闻让广大网友义愤填膺，纷纷表示不想再去某冰雪大世界，甚至不想去东北了。

网友不禁感叹：如此糟糕的用户体验，加上价格高得离谱，还不如去北海道呢。

可见，互联网时代，口碑是多么的重要。个别店家宰客，却会牵连到其他没有宰客的商家，久而久之，就可能出现劣币驱除良币的现象。

格雷欣法则是一种货币现象，指在实行金银双本位制条件下，金银可以按照一定的比率互换。如果市场上的金银兑换比率高于官方规定时，也就是黄金更加值钱，被称为良币，那么人们就愿意换回黄金，并逐渐囤积黄金，导致市场上的黄金越来越少，而被称为劣币的白银却越来越多，被用于流通。这种现象，即劣币驱除良币，也就是格雷欣法则。

举个例子，如果有这样两位面包师傅：一位卖的面包松软香甜，馅料可口，童叟无欺；另一位卖的面包则干瘪粗糙，缺斤少两，搞不好还是过期产品，但是价钱却比第一位低一半。

你认为哪一位师傅的面包会热卖？答案并不一定如大家所想象的一定是第一位。为什么？其中的秘密就在格雷欣法则。

如果低价迎合了更多人的诉求，那么高价格、高品质的商品就缺乏生存的土壤。这种一味追求低价的市场环境必然导致商品质量的整体降低。

回到上面类似的冰雪大世界宰客事件。低价团的问题不得不说，"面膜"随手百度了一下，搜索出来的价格让人不寒而栗，很多销量好的竟然都是明显低于成本的旅游产品，试想去一趟泰国只要 2000 元，这连往返机票都不够。这样低价格的恶性竞争，带来的必然是"深坑"，像天价泡面、强迫购物这样的宰客行为也就见怪不怪了。

许多人感慨，在国内很难遇到日本那样小而美的精致民宿，也很难体验到欧美那种专业的现代酒店。在成熟市场中，许多民宿已经经营了好几代，许多品牌连锁酒店也都积累了丰富的管理经验。在此基础上，公共管理机构以及各种社会组织，共同维护旅游业的水准和秩序，确保不会出现劣币驱除良币的现象。而反观一下国内的旅游行业，无疑还有很长的路要走。

中国旅游研究院最新研究显示，2016—2017 年冰雪季，我国冰雪旅游市场规模达到 1.7 亿人次，冰雪旅游收入约合 2700 亿元。冰雪旅游已占据东北地区众多城市全年旅游市场的一半份额。

预计 2021—2022 年冰雪季我国冰雪旅游人数将达到 3.4 亿人次，收入达到 6700 亿元，冰雪旅游将带动旅游及相关产业的产值达到 2.88 万亿元。

以冰雪旅游为核心的冬季旅游产品正在成为国人旅游的新选择，东北或许应该以此为契机，来重振东北经济。

【幸存者偏差】 读书到底有没有用？终于有人说透了

“幸存者偏差”一词不知不觉间在网络上火了，曾有一年的高考题还考到该名词，下面就让我们来看看，这道让大家分不清是高考语文试卷还是逻辑学试卷中的题目吧：

“二战期间战斗机防护，多数人认为，应该在机身中弹多的地方加强防护。但有一位专家认为，应该注意防护弹痕少的地方。如果这部分有重创，后果会非常严重。而往往这部分数据会被忽略。事实证明，专家是正确的。请考生结合材料进行分析。自定立意、自拟标题，写一篇作文。”

是不是有点懵？其实这道题的本源来自于“幸存者偏差”这个在逻辑学、统计学、经济学领域被频繁使用的概念。

幸存者偏差，指的是由于只关注经过某种筛选而产生的结果，而未曾意识到这个结果是被筛选过的，导致忽略了被筛选掉的关键信息，得出了错误的结论。此规律同样适用于金融和商业领域。存活下来的企业往往被视为“传奇”，它们的做法被争相效仿。实际上，有些企业只是因为偶然原因幸存下来了而已，其战略布局未必成功且未必具有被学习的价值，因此失败企业或许更值得研究——失败乃成功之母。

要说清楚“幸存者偏差”这个概念，需要先追寻一下其历史来源：

在1941年的第二次世界大战中，空军是最重要的兵种之一，盟军的战机在多次空战中损失严重，无数次被纳粹炮火击落。为了改善这个问题，盟军总部秘密邀请了一些物理学家、数学家以及统计学家专门研究“如何减少军机被击落的概率”这个问题。

当时军方的高层统计了所有返回的飞机的中弹情况，发现飞机的机翼部分中弹较为密集，而机身和机尾部分则中弹较为稀疏，于是盟军高层决定加强机翼的防护。

但这一建议被哥伦比亚大学的统计学教授沃德驳回，他提出了完全相反的观点——加强机身和机尾部分的防护。理由如下：

第一，统计的样本只是平安返回的战机，并不是完整的样本；

第二，被多次击中机翼的飞机，似乎还是能够安全返航；

第三，在机身机尾的位置，很少发现弹孔的原因并非真的不会中弹，而是一旦中弹，其安全返航的概率极小。

换句话说，返回的飞机其实是幸存者，而仅仅依靠幸存者做出判断并不准确，那些被忽视了的非幸存者才是这个事件的关键。军方最终采用了教授的建议，加强了机尾和机身的防护，后来证实该决策是正确的。

而在金融投资领域，“幸存者偏差”也是一个非常普遍的问题。作为投资者，我们不可能不关注基金回报的统计数据。但是如果不假思索地使用这些数据，而不考虑这些数据的来源和内在逻辑，就很可能深受“幸存者偏差”的影响。

众所周知，基金行业竞争激烈，所以那些业绩不佳的基金相比业绩较好的基金更加容易被清盘。在基金被清盘后，这只基金很可能就会从大基金统计数据库中被删除。这导致如果使用那些“删除已被清盘基金的数据库”，那么统计的样本就是那些活下来的“幸存者基金”，即那些基金业绩表现优秀的基金，这样的统计数据将在无意中夸大整个基金行业的平均回报率，无法准确地体现基金整个行业真实的水平。做任何商业数据分析，明确数据来源和统计口径是必要条件，是前提条件，否则没什么意义。

为了让大家对幸存者偏差有更加直观的了解，我们再举一个更加直观和具体的例子：假设某个行业在中国总计有100家公司，去年平均每家公司的净利润为 90 亿元，总计净利润为 9000(90×100)亿元；在今年，这 100 家公司倒闭了 5 家，平均每家公司净利润为 92 亿元，总利润为 8740(95×92)亿元，总利润实际是下降的，但是如果单看平均净利润，似乎这个行业的表现更好了，这就是因为没有将破产的公司纳入考虑引起的幸存者偏差。

不能因为比尔·盖茨走进一个屋子，整个屋子的人就平均资产过亿了。

我们眼前所见的，未必就是真相，我们自以为是的，未必就是真理。世界远比你想象的要复杂，最致命的弹痕，往往在你看不到的地方。

【公租屋】 15 套房也买不来的归属感

据媒体报道，一位大妈曾在朋友圈为女儿向某游戏主播求婚，竟然晒出了自家整整 15 套房产证作为彩礼。

原来，该大妈的女儿是这位游戏主播的粉丝。事件经传播引发热议，网友关注的焦点集中在大妈的 15 套房子上，这么多房子意味着什么？

俗话说，“手里有房，心里不慌”，这是大多数人对买房趋之若鹜的原因。

对于中国人来说，“固定家”的传统观念根深蒂固，有一间属于自己的小窝，哪怕再小也能感觉踏实，仿佛有了一份归属感，工作和生活也能更踏实。

然而，高房价让许多人望之兴叹，不过好消息是，随着我国大力发展住房租赁市场，公共租房市场也将迎来快速发展期。

公共租赁住房，是指由国家提供政策支持，各种社会主体通过新建或者其他方式筹集房源、专门面向中低收入群体出租的保障性住房，是一个国家住房保障体系的重要组成部分。

公共租赁住房不是归个人所有，而是归政府或公共机构所有，用低于市场价或者承租者承受起的价格，向新就业职工出租，包括一些应届毕业生，一些退休老人及残疾人，还有一些从外地迁移到城市工作的群体。

在各国众多廉租房计划中，最成功、最特别的，应该算是新加坡的组屋模式了。

新加坡的民用住宅房地产市场一般由“政府组屋”和“私人公寓”两部分组成。

其中“组屋”指的就是新加坡的廉租房，由政府投资修建，价格由政府统一规定，以低价出售或出租给中低收入阶层。

在过去40多年的时间里，新加坡政府共修建了近100万套组屋，目前约有85%的居民居住在组屋中，其中绝大部分属于自有产权，产权年限为99年。

如果开车行驶在新加坡寸土寸金且清洁有序的市中心，你总能看到一些颜色雅致、排列整齐的住宅小区。

和居民小区相比，这些屋区是敞开的，没有围墙，没有门卫，开放式的环境让所有外来的车辆都可以从中穿驶而过，屋区所属的公共场域，亦属于国家所有的公共土地。

根据新加坡政府规定，购房居民可用公积金来支付10%的首付款，政府还会补贴每一个家庭3万新币，折合人民币大约15万元。

另外，银行贷款利率非常低廉，仅为2.5%，所以一般的工薪阶层仅用公积金就能还得上贷款。

需要指出的是，尽管组屋价格便宜，但作为仅次于纽约、伦敦、香港的全球第四大金融中心，新加坡的私人公寓价格已达每平方米12万新币(约合人民币60万元)。

新加坡组屋的成功经验表明，全面解决老百姓的住房问题不能完全依赖市场，涉及民生福祉的保障性住房还要靠政府和相关法律制度保障，必须采取行之有效的措施加以推进。

居者有其屋，一向是东方国家老百姓最基本的生活理想。唐朝诗人杜甫的诗句“安得广厦千万间，大庇天下寒士俱欢颜”，正因为寄托了这一理想而被传诵千古。

【VIE 架构】 360 为何如此思乡心切?

"举头望明月,低头思故乡。"自古以来,国人的思乡之情就是文人骚客笔下的常见题材。如今,把这句话用在那些在海外上市的中国概念股上,依然十分恰当。

2015 年,奇虎 360 计划回归的消息曾引发概念股的一片躁动,就连代码中包含 360 三个数字的个股都遭到了"暴炒"。直到 2017 年 11 月 2 日,360 借壳江南嘉捷的消息出炉,终于敲定了 360 回归 A 股的事实。

文人墨客的思乡之愁如此强烈,即使遇到艰难险阻也不改初衷。对想要"回家"的中概股来说,则是对高估值的期待如此强烈,即使面临重重障碍,只要有利可图,费时费力也在所不惜。这里的障碍,主要就是指"VIE 架构"的拆分。

那么到底什么是"VIE 架构"? 360 回归 A 股是否另有其他原因? 下面我们就来一起分析一下。

VIE 架构,Variable Interest Entities,即可变利益实体,一般是指中国创始股东与外国投资者共同创立一家离岸公司,既可以在国外上市融资,又可以通过外资入股的方式,用协议控制境内经营实体,从而在国内开展外资受限的业务。

在互联网技术高速发展的大背景下，精巧的 VIE 协议使外国的资本、技术、管理经验源源不断地进入中国，为国内外资本、创业者以及网民创造了一个多赢的格局。

然而一旦要回归 A 股市场，复杂的 VIE 协议则成了最大的障碍，根据当前法律，如果回归境内上市，需要完全拆除原有的 VIE 结构。

一般来看，VIE 拆分后回归 A 股上市起码需要 2～3 年的时间。如暴风科技从 2010 年 12 月开始筹备，2012 年 5 月成功拆除 VIE 架构，2015 年 3 月才登录创业板，总共用了 4 年多的时间。

带来的回报自然也十分惊人，股价从 7 元的发行价一路上涨至 327 元，足足翻了 40 多倍。第二大股东则趁机减持，套现接近 10 亿元人民币。不过市场步入熊市以来，暴风科技的股价早已风光不再。虽然 360 很有可能获得更高的估值，但完全用套现阴谋论来解释回归，似乎已不合时宜。

其实对大部分企业来说，如果能够在 A 股融资，就不会选择赴美上市。在做多做空都能盈利的市场上，美股空头们常常在详尽的调研之后发布做空报告，让广大投资者来帮自己砸盘，造假者直接被扫地出门，360 也在多次被做空之后疲于应对。

最后，360 的回归也符合政策方向。让“VIE 架构企业回归 A 股”，不但可以让国内投资者分享创新型企业的红利，也方便管理层对企业进行监管。这一点对信息安全领域的 360 来说，显得尤为重要。

【履带战略】 阿里的商业生态是如何建成的?

纵观马云对支付宝、蚂蚁金服和菜鸟网络的布局,阿里的布局策略逐渐浮出了水面,用马云的话来讲,阿里一直以来所实施的核心战略,就是“履带战略”。

那么到底“履带战略”的概念是什么,其他公司有没有可能借鉴?接下来就让我们一一解开。

履带战略,是指在现有的体系下布局多个未来可能爆发的产业,这些产业之中的布局并不是割裂的,而是像履带一样,互相保持着紧密的联系。最终这些产业不断成长,就会形成像一条履带一样的产业链条,在商业体系中倾轧大部分对手。

在马云的履带战略中,最早是由阿里巴巴延伸出淘宝,当淘宝成熟的时候,阿里巴巴已经退居二线了。

此后,由淘宝延伸出的支付宝在淘宝的支付需求中迅速成长,当淘宝受到其他电商挑战时,支付宝成熟了,以支付宝为核心的蚂蚁金服又开始在互联网金融领域呼风唤雨。

按照马云的计划,在蚂蚁金服大展拳脚之后,还有云计算领域的阿里云和物流领域的菜鸟网络能够挑起阿里的大旗。

当时马云之所以提出履带战略的观点,是因为在互联网行业中,很少有公司能够连续保持3～5年的优势。所以阿里的战略就是一家退下来另一家上，形成正向的循环。

而当阿里依靠履带战略不断发展壮大时，其他企业也在积极开展应对之道，其中也不乏对履带战略的借鉴。

例如一直把马云当作追赶目标的刘强东，已经把京东物流和京东数科拆分了。跟阿里的菜鸟网络相比，已经发展了10年的京东物流无疑具备最大的比较优势。以京东物流600亿元人民币的预估市值计算（估值未必确切），已经相当于京东市值的17%左右。上市融资之后，如果在快递、冷链、大件运输上加速发展，必定能够提升京东的实力。

除此之外，京东在金融产业的布局也显示出刘强东也对履带战略熟谙于心。

其实对普通的企业来说，不论采取什么策略，撼动阿里的商业体系难度较大。对大部分想要学习履带战略的企业来说，首要的目标应该是不被阿里这辆装备了最强大履带的战车所倾轧，在市场中生存下来之后，再寻求与之一战的机会，就像京东那样。

当然了，履带战略也未必每个企业都能学习和借鉴，因为实行这一战略需要耗费大量的资金，比如履带战略之下的阿里大文娱、阿里云计算等都要承受阶段性巨亏，甚至能否盈利也说不好。阿里财报显示，2019财年阿里集团营收3768.44亿元，2019年Q1营收增长不及去年的Q4，除了核心电商板块，大文娱、阿里云等众多板块都是亏损的，其中大文娱亏损最大，经调整EBITA亏损人民币157.96亿元。这个亏损的天文数字，又有多少家企业能负担！

或许，当大型商业巨头在津津乐道讨论各种战略的时候，小企业还在生存边缘挣扎。

【员工持股计划】 “傻乎乎”的华为是如何成功的?

创立于1987年的华为,在2012年已经成为世界最大的通信设备制造商。此前的世界500强榜单中,华为便是以超过5000亿元的营收名列国内民营公司第一。任正非却称自己不懂市场经济,还说华为“傻乎乎的”。不善与媒体打交道的任老板,说得并不像是假话。

当大部分国内品牌侧重营销、大谈情怀时,任正非却认定客户需求的重要性远高于品牌宣传;当口头上表示“不需要员工感恩,员工与公司只是契约关系”时,很少有人注意到华为接近99%的股份,都被华为的十多万名员工所持有。而这或许才是华为在国内民企中出类拔萃的真正原因。当然了,因为华为坚持不上市,员工只能享受分红,没有普通股的投票权,而且任总拥有一票否决权,所以任总始终能牢牢把控公司的经营方向。

下面我们就一起来探究一下华为独特的员工持股计划。

员工持股计划,是指通过让员工持有本公司股票或期权的方式,使其获得激励的一种长期绩效奖励计划,目标是最大化员工的主人翁感和组织承诺。在实践中,员工持股计划往往是由企业内部员工出资认购本公司的部分股权,并委托员工持股会管理运作,员工持股会代表持股员工进入董事会参与表决和分红。

早在1990年，华为就提出了员工持股的理念，不过与标准意义上的员工持股有两个不同点。首先是持股员工只有股息分红权，没有一般股东所享有的表决权；其次，员工也不享有股东对股票的所有权与溢价权，离开企业时只能由控股工会原价回购。2001年，华为对持股政策进行了一次调整，不再派发一元一股的股票，而是转为按照净资产估值决定股价。企业回购时会考虑净资产增值的部分，不过员工仍然无法转让或出售。

慷慨的员工持股计划，在让华为获得内部融资的同时，也让员工获得了巨大的财富回报。据媒体报道，华为年薪百万的员工达1万人以上，收入超过500万元的也有千人，而收入中的大部分，就是来自于员工股的分红。相应地，华为也获得了来自于员工的巨大认同与忠诚度。例如前1000位华为员工中的90%都是在学校毕业之后直接进入公司的，一干就是20多年。可以说，正是这种独特的员工持股机制，让每位员工的雄心壮志都与公司的成长愿景紧密联系到了一起，最终将华为打造成了实力超群的商业帝国。

如今在竞争激烈的国内手机市场中，低调的华为不但在中兴、联想等老牌合约机厂商中异军突起，还力压小米、oppo等品牌。或许，国内从来就不缺少聪明的乐视，唯独缺少“傻乎乎”的华为。当任正非“傻乎乎”地将股份分给自己的员工时，华为光辉的未来就已经注定。

互联网公司员工共同持股计划很普遍。百度李彦宏、马东敏夫妇也是把很多上市股权分给了员工，而李彦宏通过B股1∶10投票权的方式掌控百度。很多未上市公司的员工持股计划通过搭建“员工持股平台”来间接实现持股，此举有很多优势，比如有限责任公司的股东人数上限是50人，有人数限制；此外，即使是核心员工也会经常出现离职的情况，导致股权结构不稳定。有句俗话叫作“人无股权不富”，所以股权计划也并非虚无缥缈，关系到职场人的切身利益。

【契约理论】 吃霸王餐的终结者！

网络上曾流传一则吃霸王餐逼老板喝火锅锅底的新闻，短时间内就成为网友关注的焦点。

事情是这样的：有5个人在火锅店吃饭，吃完说菜不好吃，不仅拒绝付钱，还要求老板把锅底喝了才肯罢休。老板报警后5人被带去派出所，他们不但拒绝配合调查还殴打民警。最终，5人因涉嫌妨碍公务被刑事拘留。

从经济学角度来看，这个案例也可以用契约理论来解释。

所谓“契约理论”，就是将所有交易和制度都看作是一种契约，在考虑信息不对称的情况下，设计最优的契约来减少道德风险和敲竹杠等问题，从而提高社会总福利。

契约理论是英国经济学家奥列佛·哈特提出的，他因此获得了2016年诺贝尔经济学奖。

“契约”在现代社会生活中无处不在。我们每天上班就是在履行自己与单位之间的契约关系；在餐馆吃午饭就是在履行我们与饭店老板之间的契约关系；坐出租车回家就是在履行我们与出租车司机之间的契约关系；要求小区物业及时修理路灯就是在履行业主与物业之间的契约关系。总之，我们生活在一个充满了各种各样契约的社会里。

然而，我们生活的世界里，大部分都是不完全契约，可以说完全的契约几乎不存在，因为我们不可能把所有的因素都体现在契约里。比如，上面吃霸王餐的例子，客人去餐厅点餐，意味着双方已经达成了一种契约，但这个契约无法把双方的所有要求，比如菜品好不好吃、甜辣程度等，都一一体现出来。

既然契约本身总是不完全的，这就给了签约的某一方事后“敲竹杠”或从事机会主义行动的机会，这显然会严重妨碍社会的运转效率。假设你去一家饭店吃饭，老板问你是要“中辣”还是“微辣”，你说是“微辣”。当菜上好之后，你明明知道味道就是你熟知的“微辣”，但你一口咬定是“中辣”的，并且声称影响了你的胃口而拒绝支付。

此时如果打官司，法官也无法证实到底多辣是“微辣”。那怎么办呢？

不完全契约理论的解决办法是，最好是在用餐前店家和食客就要约定“若因对辣度有所争议应该如何处理”的条款。这样的做法可以推广到企业管理权设置上。一般企业的控制模式都是一人一票的合伙制，但如果要全球扩张、收购兼并、引进投资者资本，那么企业早期创始人就可能意味着失去控制权。这显然会导致企业创始人对企业扩张心存疑虑。而如果采用契约理论的解决方案，就可以完美解决这个问题，马云的阿里巴巴就是一个例子。

18 年前，马云遇到了软银的孙正义，通过资本的力量，阿里巴巴开启了高速发展之路。据了解，赴美上市时，在阿里巴巴的公司股权中，日本软银持股 36.7%、雅虎持股 24%，两者在阿里巴巴四人组成的董事会各占一个席次；阿里巴巴 28 位合伙人只拥有阿里巴巴集团约 10%的股份，其中，马云持有 7%左右的股份。但阿里巴巴实行的“同股不同权”策略，让马云及其合伙人牢牢把控了公司的控制权。

按照哈特教授的契约理论，对于贡献最大的创始人来说，如果没有控制权，放得越多最后反而可能会被别人拿走，那么就导致其不愿意放。因此，把控制权给予贡献最大的人，就是要将饼做到最大。

公司控制权的设定要市场化，谁贡献最大就应该有控制权，激励机制设定要保证做事的人能够拿到好处。

【跨境电商】 还去国外抢马桶盖？中国卖家已"占领"地球了

过去，钱包鼓起来的中国人热衷于购买"洋货"。不仅是手机、电脑等电子产品，连马桶盖、电饭煲等日常用品都要到国外抢。那些在全世界买、买、买的中国人，给世人留下了"土豪"的印象，也难免让人觉得"中国制造连自己人都瞧不起"。

不过，事情正在起变化。

最近几年，国外消费者也开始抢购咱中国的产品了。这种现象还催生了一个巨大的商机，那就是跨境电商。据说，亚马逊这个电商帝国已经被中国卖家"占领"了。

那么，跨境电商这块蛋糕有多大？中国人为何热衷于做这个行业？

跨境电子商务，是指分属不同环境的交易主体，通过电子商务平台达成交易、进行支付结算，并通过跨境物流送达商品、完成交易的一种国际商业活动。

简单地说，跨境电商就是外国人在电商平台的购物行为，也就是你常听到的"海淘"。对中国中小卖家来说，最熟悉的莫过于亚马逊、阿里旗下的速卖通两个电商平台了。

过去几年，受益于全球物流升级以及互联网行业的去中心化，越来越多的卖家会直接向海外客户直接发货。相比传统的进出口渠道，跨境电商没有层层渠道商，所以不仅海外消费者可以买到性价比更高的中国产品，而且卖家赚得也更多，因此具有更大优势，很多从事跨境电商的卖家都是从外贸行业转型而来的。

电商在全球范围的崛起，不仅让消费者购物选择更多、更便捷了，也成就了很多中国卖家的发财梦想，大量中国人进入跨境电商行业淘金。从2012年亚马逊鼓励中国卖家入驻开始，从事跨境电商的中国人就开始不断增长。

据外媒报道，截至2017年11月30日，100多万名的新卖家中，近三分之一来自中国。

随着从业人数的激增，中国人创造的销售额也在突飞猛进。2013年，我国出口电商交易规模大约2.7万亿元；到了2016年，就高达到5.5万亿元，3年间翻了一倍多。仅2015年一年，亚马逊中国卖家的总销售额比上一年增长了两倍，在美国站，中国卖家的销售额竟增长了10倍。业内流传着一句有意思的论断："亚马逊80%出口跨境电商货源，都是从深圳发出去的。"

对于很多外国人来说，中国产品不仅种类丰富，物美价廉，而且质量也不错。比如，某次美国"黑色星期五"，中国家电巨头海信集团的52万台4K电视，不到24小时就被抢购一空。

据互联网第三方支付服务商PayPal和调研公司益普索发布的全球跨境贸易报告显示，中国已成最受全球网购消费者欢迎的"海淘国家"。

这些跨境电商的主力依然是数量庞大的中小卖家。据不完全统计，在跨境电商出口行业里，收入体量20亿的公司在5家左右，过亿的企业有几十家，剩下的多是中小卖家。

电商平台之间的竞争为中国中小卖家的快速成长提供了有利的空间。

亚马逊、eBay等国外电商平台，此前一直对中国卖家提出严格的准入条件，甚至图片的要求都极其苛刻。但面对阿里速卖通的强劲攻势，这些平台也不得不出台许多利好中国卖家的措施，来吸引中国卖家入驻。

现在，随着"一带一路"建设以及"中国品牌"日益崛起，出口跨境电商作为还在成长的产业，对于众多跃跃欲试的卖家来说，仍然具有巨大的吸引力。出口跨境电商这块蛋糕，仍然吸引着更多中小创业者前赴后继地加入。

【去中心化】 微信公众平台的兴衰走势为几何?

当券商营业部门口卖茶叶蛋的大妈开始推荐股票的时候,牛市基本上就要进入倒计时了,这便是经典的“鸡尾酒效应”;当身边不苟言笑的同事向你推荐自己的公众号时,微信的大限是否也快要到了呢?

由张小龙2011年打造的、被称为移动互联网最后一张船票的微信,仅用两年时间就成为亚洲用户量最多的社交通信软件。2012年微信公众平台正式上线后,更是改变了整个互联网内容市场的格局。在它的影响之下,内容创业者逐渐替代了传统机构媒体,成为互联网商业流量的新入口。

不过,曾经的某蒙们月入数百万、大V们风生水起的时候,微信公众号的打开率却从10%悄悄下滑到了5%以下,到了2019年仅为1%~2%。越来越多的内容发布者也发现,没有大V的转发,再优质的内容也很难获得理想的传播效果。

据媒体报道,张小龙团队已经计划对微信订阅号进行重大改造,“去中心化”将成为改造的重点。根据之前的经验,每一次官方政策的调整,都会对内容创业者带来巨大的影响。这次改版将会带来怎样的结果呢?下面我们就从去中心化开始讲起。

去中心化,是指互联网发展过程中,内容不再由特定的网站或个体意见领袖产生,而是全体网民共同参与的结果。简单地说,中心化和去中心化,就是集权与分权的差异。中心化的代表是门户网站,去中心化的代表是公众号、微博等社交媒体。

去中心化的考虑除了基于用户体验层面外，还在于个人 IP 常常存在价值观导向有问题，或者故意误导，以至于个人意见“领袖”经常出事等。

在张小龙看来，再小的个体也有自己的品牌，通过微信的去中心化，消灭流量入口，每个品牌都可以更加自由地传播。从本质上讲，正是这种“去中心化”的核心理念与展现方式，才让一大批草根创业者获得了展示优质内容的机会，最终形成了比其他平台更高的商业价值。不过，从传播角度来说，真正的“去中心化”其实很难，也不能成立，因为意见或者共识都是从较高“势能”传递到较低“势能”的，不可逆。

可想而知，这么多年过去了，曾经的分权却演变成少数人的狂欢。一方面，先入为主的内容创业者稳坐江山，依靠广告与中等质量的内容就可以坐享其成，曾经借助去中心化的机会发家，如今自己却成为了中心；另一方面，99%的内容生产者却在温饱线上苦苦挣扎。

这其中，固然是因为互联网行业强者恒强的规律所致，但平台本身的内容分发规则设计不周，也起到了推波助澜的作用。最终新入场的优质内容生产者只能转战其他平台，成全了今日头条、知乎等平台的崛起，引来了更加严峻的外部竞争。此外，商业模式也在层出不穷，微信公众号、百度等都是人找信息的传统模式，而今日头条等已经转型成为信息找人的懒人匹配模式，更符合人懒惰心理的需求。不过，这种信息匹配、推送的模式，粗暴地屏蔽了自我不喜欢的优质内容，从而会引起性格逐渐趋向以自我为中心的方向转变。“我感兴趣的，那才是头条！”

从这个角度来看，夺回内容分发权，对微信公众平台的未来有着至关重要的意义。再加上大 V 的强势已经侵蚀到微信自身的广告利益，微信公众号迭代、改版的紧迫性就可想而知了。

在去中心化的大势之下，任何平台在集权上的停留都是逆时代而行。早期在微信平台上发展起来的强势大 V 们，如今不可避免地面临着价值缩水的冲击，而对之前没有赶上内容崛起时机的人来说，这或许是一个绝佳的弯道超车的机会。

最后补充两点：

(1) 除了微信，数字货币比如 BTC、以太坊都是去中心化的；

(2) 微信虽然崛起快速，但是其国际化速度很慢，甚至比不上韩国的 LINE，尽管微信在国际化过程中已经砸进去了巨资。

【辞职成本】 霸气辞职信重现江湖

继“世界那么大，我想去看看”之后，又有一封号称“史上最霸气”的辞职信爆红网络。据媒体报道，作者是一位已经在医院工作了11年的护士。在辞职信中她表示，“同工同酬就是一个笑话，自己在闲暇之余，2年就能赚到180万元，何苦要花30年来熬到退休呢？”

听到这里，“面膜”不禁被这位女护士的霸气所折服，虽然有时候也想对着老板霸气一次，但是看看自己瘪瘪的钱包，就果断放弃了。其实，不管内心有多么的澎湃，我们在辞职之前，都应该好好地考虑一下自己的“辞职成本”。

辞职成本，顾名思义，就是指因为离职而造成的各种影响。

对于职场人士来说，辞职成本主要体现为显性的收入损失、声誉损失，以及隐性的养老保险、医保等福利损失，甚至很多重点城市社保和公积金一旦断供，买房、车辆上牌、落户等问题会接踵而来。为了应对辞职后的收入损失，大部分网友认为应该找好新的东家再辞职，即“骑着驴找马”；而不得已必须“裸辞”的话，则最好预存半年的生活费比较靠谱。

而对辞职创业的人群来说，隐性成本则更加值得关注。例如医保，可能中断3个月以上就失效，小病无所谓，大病就惨了；养老保险则必须缴满15年，缴费年限越长，将来领到的养老金越高，所以如果这位霸气女护士想要在退休后领取养老金的话，一定要记得补缴4年的养老金。

关于辞职的问题，每个人的情况不同，也必然有各自不同的见解与结局。那位写下“世界那么大，我想去看看！”的女教师，无疑是一位成功的“裸辞”者。时至2019年，她和老公在云南的一个小镇早已开了一家客栈，旺季打理客栈，淡季外出旅行，过得好不自在。她还打算把自己的生活经历写成一本书。

但是在创业成功率低于1%的背景下，成功案例毕竟是少数。在当前的经济形势下，大学生甚至研究生想找到一份满意的工作都很难，所以“面膜”建议各位还是不要冲动行事。辞职要三思：思危、思变、思退。

因此，如果铁了心要走，也要先权衡一下自己的辞职成本再说。

首先，你应该预留好充足的生活费，这样才能从容地思考、选择未来的方向（思退）；其次，由于离职3个月以上可能就没有了医保报销的保障，所以最好考虑用商业健康保险来为自己和家庭增添一份保障（思危）；最后，你需要对当前的经济形势保持足够的敏感，例如这位2年赚180万元的女护士，就是赶上了网络营销的热潮（思变）。

【凡勃伦效应】 有钱人咋这么糟蹋钱？终于想通了

最近有句话很火：贫穷限制了我的想象力。

这个流行语的由来是，一位日本女生省吃俭用，花 35000 元买了一件某奢侈品牌上衣，结果，衣服洗后掉色了……

于是，打电话询问客服，结果被告知“不好意思，我们的产品从来不考虑洗涤”。

女生一脸懵圈……

还有更扎心的：Tiffany 一个毛线球卖 80000 元、一个回形针要 1500 元，一款 LV“编织袋”卖到了 18000 元，没错，长得就像你经常在批发市场、火车站看到的那种。

应了那句老话，有钱人的世界，你不懂。

不过，爱较真的“面膜”还真就研究一下，这些有钱人为啥就这么糟蹋钱呢？

我们来说一说“凡勃伦效应”。

凡勃伦效应，是指消费者对一种商品需求的程度，反而因其价格高而增加，反映了人们进行挥霍性消费的心理愿望。

商品价格定得越高，越能受到消费者的青睐，这个现象最早被美国经济学家凡勃伦注意到，因此被命名为“凡勃伦效应”。

价格越高，买的人越多，这听上去似乎有违常理，但很多商品确实就是这么卖的。

买手机的时候，有的人会买小米、有的人会买 iPhone。价格上，iPhone 要比小米贵。客观地说，很多人买 iPhone，除了考虑使用体验好外，炫耀心理也占很重要的一方面。

再比如，一双款式、皮质都差不多的皮鞋，在小鞋店中可能只卖几十元，但一进到大商场，价格就可能飙升到几百元。尽管价格贵了很多，但人们却更愿意在大商场购买。

除了受到“在大型商场买得放心”的观念影响外，消费者也有可能是出于一种挥霍性的消费心理而进行购物。

在商场选购家电时，你会发现，不同型号的洗衣机价格差别很大，有好几千元的，还有几百元的。

经过了解后，你发现洗衣机的功能其实都差不多，只是外观和品牌上有所差别。

然而，价格高的洗衣机销量却远远超过价格低的洗衣机。

类似的例子还有很多，但最能表现凡勃仑效应的要数奢侈品消费了。

像本文开头列举的这些价格不菲的奢侈品，都不仅是为了获得直接的物质满足和享受，更多是为了心理上的满足。有钱人为了炫耀自己的财富优越感，往往会去购买价格昂贵的商品。

19 世纪，欧洲上流社会每个男人都要有一块好的怀表、一顶帽子，等等。现在，有钱人也会用豪车、豪宅来彰显自己的地位。他们在购买商品的时候，考虑的并不是实用价值，而是能够证明自己的身份。

美国咨询公司贝恩从 2002 年开始，每年都会发布一份数十页的奢侈品行业权威报告。报告发现年轻的奢侈品消费者，尤其是 20～34 岁之间的千禧一代，成为奢侈品市场增长的主要推动力。根据贝恩的调查，有 48%接受调查的消费者，首次购买奢侈品的年龄在 20～34 岁之间。

目前，我国已成为全球奢侈品消费第一大国。最新数据统计，中国人买走了全球 47%的奢侈品。

知名奢侈品牌几乎已经全部进入中国，奢侈品牌境外门店也几乎全部配有可以讲中文的服务人员。

明白了这个道理，你就不再觉得有钱人的世界难懂了。

你就不会困惑，爱马仕有一款非常出名的柏金包，入门级的价格是7000美元，在中国买还需要交高额的奢侈品关税，达到10万元人民币以上，但价格这么贵，为什么那些名媛贵妇还趋之若鹜了。

你也不会困惑，为什么一颗佛珠值100万元、一辆黄金自行车售价几百万元、一辆黄金劳斯莱斯28亿元了。

你也不会困惑，为什么会有黄金内裤、翡翠内衣、黄金马桶这些匪夷所思的商品了，因为这些都是专门为土豪准备的。

还有一种叫作"黄金蛋糕"的食品，里面是蛋糕，但是外面包裹着极其薄的黄金。根据科学家的研究结论，这层极其薄的黄金对人体没什么伤害，但是有必要吗？

凡勃伦效应折射出的消费需求，其实是一种攀比，最终导致您在购物时，忽略您当初购物时的真实需求，这种非常不理性的消费行为，会导致您的钱包急剧缩水。

【X理论与Y理论】 华为与富士康差异的根源

相信在很多人心中,对华为和富士康这两家企业都有着截然不同的感受。提到华为,国人首先想到的是低调的老板,以及丰厚的员工收入;而一讲到富士康,人们想到的则首先是“代工”“低收入”,甚至是员工打架、跳楼事件。

所以大部分人可能没有想到,在世界500强企业排名中,富士康的排名却是远高于华为的,两家公司在2017年的世界500强排名中分别位列第27位和第83位。

单纯以结果为导向,不得不承认富士康同样是一家优秀的民营企业,那么为何两家公司的形象差距那么大,两家公司的管理模式都有哪些差异呢?我们就从“X理论与Y理论”这套经典的管理学理论开始讲起吧。

X理论和Y理论,是管理学中关于人们工作源动力截然相反的两个理论。其中,X理论认为人们有消极的工作源动力,而Y理论则认为人们有积极的工作源动力。

简单地说,X理论反映的是对员工的不信任。信奉X理论的管理者认为,企业需要员工刻苦工作,而人天生好吃懒做,企业目标和员工利益不可能一致,唯有制定严格的纪律,采取强制、监管、惩罚等措施,才能够实现管理的目标。Y 理论则认为,多数人愿意对工作负责,并寻求发挥自身潜力的机会。如果企业能够采取正确的激励措施,员工不但能够自觉地完成工作任务,还会发挥自己的潜能。

两套管理模式到底孰优孰劣,并没有统一的答案。国外还有学者专门进行了实验。他们首先用严格监督的方式进行管理,通过精神和物质上的压力来激发员工的工作热情。结果工厂生产效率提升了,研究所的效率则下降了。随后他们又以 Y 理论为指导,通过松散的管理与激励提升职工的积极性,实验结果果然与之前相反,研究所的工作效率提高了,而工厂的效率反而下降了。

所以如果不出意外的话,把富士康的管理模式放到华为,把华为的管理模式放到富士康,应该会导致两家公司同时在世界 500 强的名单中消失。

其实就管理模式来讲,X 理论和 Y 理论确实没有高下之分。对需要大量重复劳动的事务性工作来说,X 理论明显更胜一筹;而对研究和创造性工作来说,比如广告创意或是产品研发,则需要更加能够发挥潜力的 Y 理论。

然而两种理论确实代表了两个不同发展阶段的管理需求。富士康先是从台湾来到了深圳,后来深入内地,然后又向越南和印尼迁移。很明显,在以出口为导向的发展初期,这类企业有着更大的发展空间。

什么样的员工才最适合"X 理论管理模式"呢?也许不是员工,而是机器人,所以富士康生产线上出现了越来越多的机器人作业员。

而华为之所以更受欢迎,答案或许是显而易见的,不信你看看华为员工的年终奖就明白了。

【贝勃定律】 现金贷利息最高598%,为何还有人愿借?

现金贷最为人诟病的无疑是它极其离谱的高利息,以及相伴而生的暴力催收。据公开消息显示,现金贷最高年化利息达598%。

现在,监管部门已经开始对现金贷进行整顿,而网络小贷牌照也停止审批。

然而让人困惑的是,为何现金贷利息这么高,仍然还会有很多人去借呢?

"面膜"觉得,这都要归咎于"贝勃定律"在起作用。所谓贝勃定律,是指人们在强烈的刺激下,对弱一点的刺激就会变得不敏感。比如,很多人觉得茅台股价两个月从500元涨到700多元已经非常高了,但在玩比特币的人看来,这点涨幅根本不算啥。

在一本叫《怪诞行为学》的书里提到这样一个案例:人们愿意多走2里路,只为买到便宜2块钱的钢笔,但是却不会为了买便宜10块钱的电脑而多走2里路。

我们会对亲人朋友的关爱习以为常,而对陌生人的一点帮助,我们都会感激不已,这也是贝勃定律在起作用。关于人性的贝勃定律还有很多:不愿为强者的坚持援手,却愿为弱者的不幸流泪;不愿为朋友的成功点赞,却愿为陌生的悲惨捐助；不愿为长远的发展奋斗，却愿为眼前的小利冒险；不愿为规则的执行所累，却愿为潜规则的适应受累。

现金贷利息之所以这么高，借钱的人还是前赴后继，主要也是因为贝勃定律降低了人们对利息的敏感度（不愿为长远的发展奋斗，却愿为眼前的小利冒险）。

现金贷基本都是小额贷款，每笔借款一般在 500～5000 元。

下面我们就来计算一下，现金贷是怎样让人在不知不觉中就多还了惊人的利息的。

假设现金贷月利率是 5%，也就是年利率 60%，在不按照复利计算的情况下，借款 5000 元，期限一年，这样每个月大约要还 667 元。

如果现金贷公司的销售人员对借款者宣传说，借款 5000 元，12 个月还完，每个月仅需 600 多元，那么借款者基本感知不到高利率的存在。

但是如果把小额现金贷换成房贷或者车贷，虽然利率比现金贷低很多，人们也会非常谨慎，不愿轻易尝试。

这是因为，对于借款者而言，房贷是大刺激，虽然利率不高，但是动辄上百万的贷款带来的利息也是一笔不小的数字，利率只要上升一个百分点都会让还款者压力山大，这种特性在统计心理学上叫作“影子敏感度”。

而现金贷则是小刺激，不超过 5000 元的借款，即使利息高达年化 60%，每个月还款仍只要 600 多元，这让现金贷的高额利息看起来无足轻重。

由于贝勃定律的存在，现金贷利息可以高到不可想象，却并不影响借钱者人数的快速增长。

据不完全统计，我国目前有 1000 万～1500 万活跃现金贷用户，人均借款约每年 2000 元，照此计算，我国目前现金贷市场规模在 300 亿元左右。

从 2015 年开始，现金贷作为消费金融一个重要的分支，在中国开始强势崛起。截至 2017 年 11 月 22 日，全国共批准了 213 家网络小贷，而没有获得小贷牌照的现金贷平台则有几千家。不可否认，小额贷款确实在一开始为普惠金融做出了贡献，解决了一部分借贷者的燃眉之急，这种融资渠道理论上跟银行是互补的——个人征信银行看不上的，可以找小贷公司来融资，做一些过桥资金以解决燃眉之急。且单纯只从业务模式来看待的话，这种业务模式不需要通过银行、基金等金融机构来分配资金，本质上是“金融脱媒”，其实模式还是很先进的，不过相关法律法规还不成熟，这个市场更是乱象丛生、良莠不齐。

在商人逐利本性的趋使下，现金贷逐渐成了高利贷、暴力催收的摇篮，呈畸形发展。

【怀旧经济】 作为一名 80 后，端保温杯已经 out 了？

转眼又过去一年，曾经年少的 80 后多数已经人到中年、为人父母了。

很多长辈有点不敢相信自己的眼睛，80 后们才 20 多岁、30 出头，就开始怀旧，是不是有点早了？

但 80 后们自己不这么认为。

现代社会压力大、生活节奏快，让他们开始怀念小时候无忧无虑的日子，怀念过去吃过的零食、追过的电视剧，还有穿过的衣服、鞋子等。

比如，经典神剧《还珠格格》，据说这部藏着 80 后青葱记忆的电视剧复播后，收视率依然稳坐全国第一的宝座。

不仅影视节目开始走怀旧风，很多围绕怀旧主题的消费都爆发出了巨大的潜力。

怀旧，就是缅怀过去，指怀念往事或故人。旧物、故人、老家和逝去的岁月都是怀旧最通常的主体。

当经历过改革开放的 70 后、80 后长大成人后，城市面貌以及生活方式的巨大变化，让他们开始怀念过去的慢生活，希望寻找到童年记忆里的那一丝悠闲，希望还能在岁月的褶皱中找到那双纯如当初的眼睛。

精明的商家从中看到了商机，纷纷把怀旧情结作为招揽生意的绝招，怀旧餐厅、怀旧零食、怀旧玩具等层出不穷，几乎涵盖了衣食住行各个方面。于是，怀旧经济渐渐兴起。

80后在离开大学校园后，经过几年的打拼，大多已经成家立业，逐渐走过而立之年。在感慨时间过得太快之余，许多人渐渐产生了怀旧情怀。

他们会回忆童年时玩过的那些游戏，比如“魂斗罗”；童年时代吃过的那些零食，比如“大白兔”；也许还会翻翻自己的箱子、抽屉去寻找童年自制的土玩具；还会看看小时候喜欢的动画片，比如《忍者神龟》，以及影视剧，比如《大时代》《十八岁的天空》，等等。

当这种怀旧情感与80后较强的消费能力结合到一起，怀旧经济也就慢慢火了起来。

据2010年人口普查数据显示，80后人口数量大约为2.28亿人。随着80后人群逐渐长大成人，新一代消费力量也日渐形成。

中国银联最新发布的调查报告显示，70后、80后已经成为目前网络消费的主力军，其中23%的男性月均网上消费额超过5000元。更有甚者，80后女性自主购买成为单身者购买的主力军。

而“消失”了16年的摩奇饮料突然成为网红爆款商品的现象也说明了怀旧经济的重要性：一万箱桃汁饮料上市仅3小时就销售一空。上市3天，30多万盒已经被抢购一空。

商家表示，没想到这么受欢迎。

摩奇饮料复活，让很多80后找回了童年的记忆。

除了摩奇，北冰洋汽水、袋淋，稻香村炸串等承载70后、80后童年记忆的食品此前也都纷纷回归，并且取得了理想的效果。

3元钱一根、包装寒碜、长得方方正正、活像一块大板砖的“东北大板”冰棍也是一夜爆红。

与那些包装绚烂、口味丰富的冰激凌不一样，“东北大板”走的是一种怀旧路线，让大家想起小时候的雪糕。

在当下，怀旧和回忆主题能够迅速激发以“80后”为主消费者的情感共振。

这些80后和90后童年吃过的、普通却无比美味的零食，如今凭借经典的包装、传统的味道，再次成为零食界的宠儿。

同样是老字号的百雀羚，几乎都要从市场上消失了，现在却摇身一变成了护肤品市场占有率最高的国货品牌，并且保持每年将近30%的增速。百雀羚深入人心的品牌记忆，是它再次崛起的关键。同样是老字号的“大白兔”品牌与时俱进，推出了奶香味的“大白兔”香水、“大白兔”车载香薰等。

每一代人都有其特有的记忆，20世纪七八十年代出生的人，不少都是独生子女，比起上一辈人，他们有更强的孤独感，这些怀旧玩具、怀旧食品就像一根纽带，触动了大家心里最向往、最欢乐的那一片记忆。

“面膜”觉得，商家可以挖掘更多个性化的产品，满足消费者的需求，同时也应避免同质化竞争，使怀旧经济可以健康地发展下去。

如果你对这节内容有感触，说明你也是共同经历过点点滴滴的那群80后。时光是尘埃的足迹，时光走远了，尘埃也就慢慢落定了。这是一个悲伤的故事。

第6章

公募基金基础知识

基金定投

【基金定义】 深入浅出地讲清楚什么是基金

大多数人对股票都耳熟能详，据媒体资料显示，目前在券商开过户的股民大约1.5亿户，客户群异常庞大。但是股民对基金了解的并不多。我们经常用的余额宝也是基金的一种，叫作货币基金。所谓“基金”，指的是把一群客户的钱聚集在一起，然后交给专业的投资管理人去投资理财，这就是“基金”。

基金分为公募基金和私募基金。私募基金我们在本节不做重点介绍，仅仅说一下概念。私募基金主要是面向有钱人销售的一种基金。所谓有钱人，监管层的规定是，金融资产不能低于300万元，注意金融资产不包括房产，或者最近3年每年收入不能低于50万元，同时能承受一定的风险。

我们重点介绍下公募基金，因为个人投资者接触比较多的还是公募基金。股票大家都经常听到，比较熟悉，而股票基金底层资产就是股票，也就是说，股票基金是由很多只股票组成的，所以股票和股票基金本质上没有什么大的差异，股票基金就是一揽子股票组合（为了保持流动性，还有少量的货币）。不同是，炒股要你自己炒，不管你懂不懂；但是基金有专门的管理人做投资管理，所以散户更适合基金而不是股票。另外，股票基金相对个股而言，不太容易踏空，所以风险性要相对小一些。

公募基金除了上面介绍的股票基金以外，还有债券基金、货币基金和混合基金，以及其他类型的基金。货币基金相对比较简单，大多数人都接触过。

货币基金是外国舶来品。话说20世纪70年代，美国遭遇石油危机，并且被拖入越南战争的泥潭，经济大规模衰退。银行存款和定期存款都跑不赢CPI。同时，由于银行存款利率非常低，银行揽存也出现了很大的问题。银行没存款它很着急呀。

这时候，银行推出大额存单，但是是有封闭期的，不能随意赎回，而且参与门槛很高，一般普通家庭根本没有大额资金参与。这时候有一个叫作鲁斯·班特的美国人出场了，他了解到银行的痛点和一般储户的痛点，成立了一家叫作“储蓄基金”的公司。并且在1972年10月用30万美元购买了高利率大额定期存单，然后他把这30万美元分成300份，这是基金份额最初的概念，因此每份价值为1000美元，然后拿到市场上让散户申购。

由于小资金量就能享受大额存单的高额利息收益，同时利用了资金的期限错配原理，能够随时赎回，非常方便，所以一经推出，便在市场上广受好评。这就是世界历史上第一支真正意义上的“货币类公募基金”的诞生，我国历史上第一支真正意义上的货币基金的出现是在2003年。所以，货币基金是从国外引入的。

同时我们知道，货币基金的底层资产的主要金融资产是同业存单、国债等，所以相对而言，货币基金非常安全。当然了，从风险角度来说，国有银行也可能会倒闭，没有万无一失的绝对安全。任何投资都是有风险的。

货币基金在所有基金类型中，风险最低；灵活性很好，随时申购和赎回；投资成本低，无手续费；投资门槛低，一般一元钱就能投资；绝大多数是投资正收益，即使在股灾的环境下。所以，货币基金渐渐取代了一部分的银行存款，老少皆宜。

因为这些优点，货币基金规模特别大，那机构该如何管理呢？我们知道，通俗起来理解，基金就是一群人把钱聚集起来交给专业的人去理财，一般是基金管理公司，称为“基金管理人”。可是，如果管理人携带巨款逃跑怎么办？没关系，基金的资金都是托管在银行的，称之为“托管行”。于是，投资者都放心了，基金管理人只要专心帮忙做好投资即可。

货币基金就是把小散的钱聚集在一起，参与银行间的协议存款和存单。所以银行间协议存款和存单高利息，也是高门槛，普通投资者不带你玩儿。但是把小散的钱聚集在一起之后，银行间存单就可以买、买、买了。央行的最新数据显示，银行活期存款的基准利率是0.35%，一年期定期存款的基金利率是1.5%。但是，小散们一旦通过货币基金的形式参与到银行间的协议存款和存单当中去，就能享受约2%以上的年化收益率，并且流动性很强。所以，货基已然成为金融套利的工具之一。

债券基金是指80%以上的资金比例投向债券的基金。在弄清楚“债券型基金”之前，我们首先要搞明白什么是“债券”。

借钱便是“债”，“债券”是借钱的凭证，同时，广义的债券是世界上交易量最大的金融资产。世界上的底层资产可以分为股权、债权和货权，在资本市场里，债权的交易量是最大的。债券市场是机构们互相搏杀的市场，个人要想参与这个市场只能通过债券基金。

债券是一种避险资产，跟黄金、美元、日元一样，是世界四大避险资产之一，债券的避险属性主要来自于它的刚性兑付，欠债还钱，天经地义。

债券的本质跟存单或者货币一样，都是一张欠条。你买了100元国债，就是财政部欠你100元，你之所以相信财政部一定会还你钱，是因为他有税收收入作为保证。你存在工商银行100元，那个存单就是工商银行欠你100元，你之所以相信工商银行一定会还你钱，是因为工商银行放贷会赚到更多的钱来还你。货币也是一样，你有100美元，就是美国政府欠你100美元，你之所以相信美国政府会还你钱，是因为美国政府有税收作为保证。

所以债券就是一张欠条，存单也是一张欠条，人民币或者美元也是一张欠条。

因此，教科书上对“债券”的定义就是，机构面向社会借钱的凭证。严格定义便是，债券是政府、金融机构、工商企业等机构直接向社会借债筹措资金时，向投资者发行，承诺按一定利率支付利息，并按约定条件偿还本金的债权债务凭证。

这样我们理解“债券型基金”就简单了。

根据中国证监会对基金类别的分类标准，基金资产80%以上投资于债券的为债券基金。所以，基金只用于投向债券的就是纯债型基金。

纯债又可以分成两大类：利率债和信用债。

利率债指的是借钱单位，信用完全没问题，比如国家财政部、地方政府、政策性银行和央行等。而信用债，则是利用借款机构的信用做担保的，会存在违约不还钱的风险，所以持有信用债，你的收益取决于利率水平和你承担的信用风险。

类比个人银行贷款，其也分为抵押贷款和信用贷款，道理是一样的。

一般而言，各种债券的风险等级大约是：国债＜地方债＜企业债。

其中，企业债一般都是信用债。不言而喻，国债风险非常小。

还有基金投向债券的同时还投向二级市场，这样的债券基金叫作混合型债券基金。

如果债券型基金按照投向维度，可以细分成以下四类：

（1）纯债基金。只投资债券市场，波动率最低，风险最小。

（2）一级债基。投资债券市场，理论上可参与新股申购。这类基金没那么容易辨认，一般基金招募说明书会有“基金不直接从二级市场买入股票、权证等权益类资产，但可参与一级市场新股申购或增发”这样的字样。

（3）二级债基。除了投资债券外，还会投资一小部分股票，以便博取更高的收益。风险高于纯债基金与一级债基，当然预期收益也高。

（4）可转换债基。主要投资可转债，兼具债券和股票的特性，理论上进可攻、退可守。可转债也是债券的一种，只是多了债转股的触发条件。可转债一般股性较强，风险较大。另外，可转债基金经理也会经常投资策略不灵，因为可债券的交易手法和理论研究并不是一致的。

常见债基的风险收益水平由小到大：纯债基金＜一级债基＜二级债基＜可转换债基。

另外还有一种是混合债券基金。对于混合债基，产品结构形式虽然灵活，理论上可以在债券和股票之间的转换，但是也常常存在基金管理人踏空的情形。比如2019年第一季度牛市，很多混合债基，权益类仓位为0，这些基金经理态度也很微妙，不谈股市，不谈牛市，只谈债券下半年行情分析。

混合基金又能细分为偏股混合和偏债混合，顾名思义就能明白其投向的侧重点。

风险最大的是分级债券基金，类似以前说的分级股票指数基金。

纯债基金收益相对稳定，涨跌浮动变化一般不如股票基金大；货币基金很安全，而且很多货币基金当天就能赎回，比银行定期存款更适合年轻人理财。不过，没有绝对的安全性，投资有风险，银行都有倒闭、破产的可能。

另外，基金怎么看有没有涨，有没有跌呢？看每天的基金净值数据即可。净值涨跌幅度就是你资产的涨跌幅度。

【基金定投】“傻瓜式”策略

在讲到“基金定投”这个概念时候，我们先来聊聊人生。人的一生成长需要两项技能，一项是忍耐力的“忍”，另一项是能力的“能”。忍和能之间的空间大小也就决定了一个人的可行域空间。有的人能力很强，但是容易冲动，不能忍，人生发展也会不顺，会处处碰壁；有的人能忍，但是没有能力也是不行的。

我们在做基金投资的时候，并不是把基金卖出去时的净值越高越能赚钱，而是要取决于买入基金的净值与卖出基金时的净值相对差额，这差额的多少也决定了赚钱的丰厚程度。

所谓“基金定投”就是按月、按周或者按双周定期、连续投资公募基金，也就是说定期投一点，每次投资金额都不大。目前市场上还出现了按日定投，不过其实没有必要。实际数据研究表明，连续按周定投和按日定投两种方式，同等投资金额和市场行情条件下，收益几乎没有差异。

投资者有时会在低点买一些，有时会在高点买一些，长期坚持定投下来，一定能买到基金的平均价格。加上若是能从市场低点开始进入投资，购买基金的平均价格会进一步降低。另外，基金定投的专业销售机构开发了很多投资策略，从而进一步降低了购买基金的总体价格。所以，市场只要稍微一上涨，基金卖出的净值与买入基金净值的相对差额就比较大了，投资用户自然就能赚到钱。

基金定投适合没有时间投资，或者没有专业能力的人群。以前，年轻人赚取第一桶金的最佳方式可能是创业，但是现代社会已经是精英创业的时代。实际上，一个人创业成功是其专业能力、人脉、资源以及个人财力的综合体现。所以，年轻人若想能有资本收益，除了尽早具备理财、投资意识以外，掌握投资方式也非常重要。

在熊市和震荡的行情更适合基金定投。基金定投一般期限在半年至3年之间，太短了就不能显示出定投的优势了。期间净值出现的涨涨跌跌要平常心对待，这都是中间过程。面对基金浮亏，要有“宠辱不惊，闲看庭前花开花落；去留无意，漫随天外云卷云舒”的心态。依然需要再次提醒大家的是，投资有风险。

人生有三件事一定是痛苦并快乐着的。第一件事是学习，这个肯定亏不了，尤其是一定程度的付费学习；第二件事是锻炼身体，好处大家都知道；第三件事就是基金定投了，大概率会让我们赚钱，但是，阶段性也许是痛苦的。

我们再来谈谈基金定投的本质。这个一定要深刻理解。

第一，基金定投是一种对投资纪律和投资行为的管控。一般投资用户缺少专业性，而且还非常迷恋自己的主观判断。所以市场一旦跌落到自以为是的低点时，就会情不自禁地加仓，不曾想抄底抄到半山腰。这样的身边案例，在股票型基金和股票投资领域，我们见到的还少吗？定投就是市场高点或者低点，克制冲动，都会买一点，最后分摊成平均价。

第二，基金定投本身谈不上巨大风险，自己没有耐心或者承受不住才是真正的风险。A股就是牛短熊长，不过这对于止盈赎回的窗口期已经足够了。如果牛市来临，很可能会翻倍或者几倍，特别是你手上定投的基金经历过二波牛熊转换的。若能在低点位附近买一些细分的、非周期性的指数基金，是非常不错的选择。遇到熊市要等待，要坚持定投，而且不能减少每期投资的金额，虽然此刻账面可能有浮亏，但是这时候要坚定信心，坚定认为现在就是捡便宜的筹码。熊市定投就是利用更便宜的价格换取更多的基金份额。毕竟，投资是反人性的。

第三，那就是老生常谈的、老掉牙的、巴菲特说过的，我们还是在此重申一次，即别人恐惧时我贪婪，别人贪婪时我恐惧。行情低谷时候买，但是要知道，在行情最疯狂的时候最好能撤手，要考虑赎回。股神巴菲特最经典的一场投资也许就是在 1973 年美国“漂亮 50”崩盘之前，全部资产及时退出。也许有人说，我赎回早了，错过后面持续的行情怎么办？要记住超人李嘉诚的一句话：不要赚最后一个铜板，可保平安。另外，如果真的摇摆不定，也可以采用行情疯狂时候定投分批赎回的策略。

第四，基金定投是一种增强型的、有风险的“类储蓄”。平时就是拿着闲置的小钱博取长期的收益，所以不论是亏是赢，摆好心态，不去动它，只要坚持，相信总有见到曙光的那一刻。如果在行情低位的时候，克服短期浮亏的纠结，一个相对有效的办法就是，请在行情不好的时候不要看定投账户，反正银行里面自动扣款，好的时候每天看着它涨一点点，心情也是愉悦的。此举有一点掩耳盗铃的阿 Q 精神胜利法，但是管用。需要清楚地认知的是，基金定投模式毕竟不是储蓄，是有风险的，也是可能亏损的，千万不能忽视风险。

第五，要谨记，虽然基金定投是绝好的东西，但是请在推荐给身边的闺蜜、家人和朋友之前，一定问清楚他们的风险承受能力，比如能否接受 20% 以内的亏损。大部分人都非常奇怪，肯定不满意银行一年期定存 1.5% 的年化收益率，但也还是不愿意承担投资风险。假如在 2018 年，在这一个奇特的年成里，从年头跌到年尾，你向你最亲密的朋友推荐了基金定投宝，在 2018 年亏损严重的情况下，极有可能遭受了传说中的“恶语相向”，心理负担会特别重。也许，难过不是因为亏损，而是因为当时的信心满满，换来了 2018 年的坑蒙拐骗。

当然了，任何投资信息都不能构成投资建议和意见。投资有风险。

定投策略口诀：投资千万条，安全第一条。买基不定投，股灾两行泪。

【FOF 基金】 基金中的战斗基

如果你在投资过程中，发现基金 A 在牛市上涨特别快，比其他基金都涨得快；发现基金 B 在股灾的时候依然很平稳，没受到多大影响；发现基金 C 在震荡时稳步上涨，长远而稳健。此时如果你想兼顾 A、B、C 三只基金的各自优点怎么办？要回答这个问题，我们先回顾一下一道初中数学题。

如果小明语文考了 110 分，满分 150 分；数学考了 140 分，满分 150 分；英语考了 120 分，满分 150 分；生物考了 90 分，满分 100 分；物理考了 70 分，满分 100 分；化学考了 95 分，满分 100 分。请问小明的平均分是多少？显然如果把小明的考试分数加在一起求算术平均数，肯定是不对的，因为每科考试满分都是不一样的，所以需要加权平均。

再回到上面的问题。如果你想同时拥有 A、B、C 三只基金的优点，你也可以采用加权平均的办法，也就是按照投资策略，每只基金买一定的比例。比如基金 A 购买 50%，基金 B 购买 30%，基金 C 购买 20%，这样这些基金的策略优势就都兼顾了。理论上，这样由这三只基金共同构成的超级基金，涨得快，跌得慢。这样的超级基金我们称之为 FOF 基金。

FOF 基金，出自国外，英文名为 Fund of Fund，称之为基金的基金，也叫母基金。一般情况下，基金都是直接投资股票、企业债、银行存款之类的；但是，FOF 基金不直接投资这些金融资产，而是投向基金，所以才叫基金的基金。FOF 基金有资产配置的概念，技术难度较大。

目前公募市场上有两种 FOF 基金：一种是在证监会直接备案然后投向各类基金的母基金；还有一种其实是一揽子基金组合，通过高超的 IT 技术把好几只基金组合在一起，形成组合销售，客户在购买和赎回的时候都是一键完成的。对于客户来说，两种基金的投资用户体验，形式上没什么差别，但是两者原理完全不同。第一种是在证监会以 FOF 基金备案的形式，是真正的 FOF 基金；第二种由一揽子基金组合而成的其实是"类 FOF 基金"，在客户的账户里看到的不是一只基金，而是好几只基金。两种 FOF 基金在安全性上并无本质区别，因为都是建立在基金公司发行的底层公募基金基础之上的。

第一种真正的 FOF 基金也有先天性不足的一面，因为体制的原因具有局限性。基金公司发行的很多 FOF 基金都优先投向自家基金公司的基金，所以自家基金公司的基金仓位可能占到 50%以上，无法真正做到打通和融合不同基金公司标的和策略的目的。

不过需要说明的是，FOF 基金投前研究逻辑复杂，难度较大。比如我们把两种涨势特别好的股票型基金组合成一只简单的类 FOF 基金，那么这种继承单只基金上涨优势 DNA 的超级基金一定会涨势迅猛吗？不一定。也许在后期行情中，一只基金上涨，另一只基金开始下跌，总体基金净值几乎没有上涨，收益都相互抵消了。所以，FOF 基金投资需要专业机构深入的研究才能奏效，并非简单的排列组合。

【基金分红】 把你左口袋里的钱装进你的右口袋

在说明“基金分红”这个概念之前，我们先说说“基金净值”这个术语。基金净值跟菜市场买一斤小白菜的单价其实本质是相通的。基金净值的定义是，基金资产减去负债，除以基金份额就是基金净值。基金份额又是什么意思呢？我们做一个类比就容易理解了，就相当于你买股票时候的多少股，A股一般每次购买股票不能低于100股，且每次购买必须是100股的整数倍；从而“基金净值”则大略对应股票的股价。虽然基金和股票投资方式不一样，但是我们可以这样理解记忆：

单位净值＝(基金总资产－基金总负债)/总份额

我们已经知道，股票型基金底层资产其实就是股票。当然了，证监会监管层有严格的要求，股票型基金不能满仓股票，需要有一定比例的、流动性非常好的货币类资产。

股票有涨跌停板，涨跌幅限制在10％以内；而股票型基金又是股票的组合投资，所以股票基金单日涨跌幅理论上不可能超过10％的比例。但是，凡事总有意外，净值大涨大跌的股票基金也时常出现。这是为什么呢？下面我们来分析一下。

先说说基金净值暴涨的情形。非货币类基金赎回都需要收取较高比例的赎回费的。基金净值的单日暴涨一般是因为大额资金短期赎回所产生的巨额赎回费计入到基金资产当中,基金资产规模增加了,从而使基金净值也相应增加了。

《开放式证券投资基金销售费用管理规定》中的条例规定,不收取销售服务费的基金,若客户在 7 天以内赎回,赎回费率不得低于 1.5%,同时 100%计入基金的财产当中去(确切比例要依据基金合同的约定)。监管层此举是为了防止资金快进快出,维护基金的稳定性,本质上是一种惩罚性赎回。

2017 年 10 月 17 日,比如某 A 基金净值当日上涨 73.16%,就是因为大额资金赎回,赎回费计入基金资产造成的。

再说说基金净值暴跌的情况。出现基金净值暴跌的缘由,一般是因为基金净值的四舍五入造成的。基金投资合同中通常约定基金净值的数据保留小数点后 3 位数,第四位遵循四舍五入的原则,这在一般情况下是没有问题的。但是极端情况下,就会出现尴尬的净值数据跳跃。

举一个例子。假如某一只基金的当前净值真实值是 1.0005,但是依据四舍五入的做法,基金净值数据正式对外发布为 1.001,每一份额的基金,净值相差 0.0005。如果一只基金有 20 亿份额的规模,其中 19 亿份额为机构大客户持有,还有一个亿份额为散户基民所持有。

假如大机构客户要赎回 19 亿份的资产,便会多赎回多少资金呢?应该是,19 亿份额再乘以单位净值多出的 0.0005,机构会多赎出 95 万的金额,而这带走的 95 万资产需要从基金总资产中减去,也就是需要剩下的、持有总份额只占 5%比例的散户基民共同承担。

你说个人投资者冤不冤?

还有一种情况也会造成基金净值的大幅度下跌,那就是基金分红。

“基金分红”顾名思义,就是基金管理人给当前持有基金的投资人分现金了,分钱了。不过需要提醒的是,基金分红并非天上掉馅饼,或者是一种慈善行为,其实只是把你的钱拿出一部分再分给你的套路。

假如你在 2018 年买了一只基金,恰好买在了净值的高点,之后一直浮亏,现在基金公司发布公告,通知你可以分红了,这时候你千万要淡定,别盘算着说不定可以弥补点基金亏损呢。

基金分红的本质就好比你的左口袋的钱放进你的右口袋。根据“能量守恒定理”大家都知道，你的总资产并没有增加。

基金分红的形式有两种，一种是现金分红；还有一种是红利再投资。在做基金投资的时候，一般基金销售平台有选项让你选择。默认情况下，都是现金分红。我们下面会逐一介绍分红形式。

基金经理人为什么设置基金分红的策略呢？一般有三点原因：

一是对于基金产品来说，可以把基金净值降下来。

二是对于投资者来说，有一种“额外馈赠”的投资感觉，会更有投资成就感，从而客户的忠诚度也会高一些。

三是基于基金功能层面的，比如父母的钱若用来投资基金，每年都能分红的话，对养老资金的相对稳定来源也是一种的不错选择。

那么，是不是所有的公募基金都具备分红的资格呢？显然不是！

具备基金分红的资质必须符合以下三个基本条件：

一是当前亏损的基金不能分红。

二是分完红可能亏损的基金不能分红。

三是当年收益不能覆盖这只基金历年亏损的基金不能分红。

用一句话概括就是，只有赚钱的基金你才能分红。所以对于散户投资基金来说，这也是一个筛选基金的参考标准。

基金分红最简单粗暴的模式就是“现金分红”，把基金收益拿出一部分打到你银行卡上，这就是现金分红。基金账户遵循“同卡同出”的原则，也就是你用什么银行卡进行基金投资的，分红的现金就会打到你那张对应的银行卡上，因此不用担心会打错账户。现金分红，基金总份额不变，但是单位净值会下降，所以基金总资产也会下降。

还有一种就是“红利再投资”，看这名词也不难理解，就是把分红的钱不再打到客户的银行卡上，而是用来追加这种基金的投资。跟基金的申购行为相比其优势在于，基金管理人不收取申购费。因为基金的钱并没有流出去，但是基金总份额增加了，所以基金单位净值会下降。

所以说，不论是“现金分红”还是“红利再投资”，基金单位净值都是会下降的。我们在基金投资的时候，是选择“现金分红”还是“红利再投资”呢？这要看个人情况。如果你平时对流动性现金有一些要求，则现金分红的方式更合适一些。如果你是月光族，而且你做了中长期的基金定投计划，那么最好选择“红利再投资”的模式，因为你一旦拿到现金，很可能会把它花完，一分钱不剩，你存不下来钱的。

以前行业里曾出现，有少数企业为了规避上缴25%的企业所得税，可能会申购分红基金，用来规避一部分税收。但是有些企业更愿意缴纳更多的税收，尤其是当地龙头企业，因为政府会给予税收大户企业更多优惠政策。当前上层监管已经趋严，分红比例已经是很低了，或者说分红避税也退出历史舞台了，市场会进一步走向规范、透明、公正。

需要说明的一点是，净值下降表明基金更便宜了，同样的资金额度可以申购更多的基金份额。那么是不是净值越低越具有基金投资的成长价值呢？不是。基金净值高低与基金投资价值并不存在必然的因果关系。

不过，巴菲特的公司——伯克希尔·哈撒韦公司的股价就非常高，截至2018年10月29日，该公司拥有较大投票权力的A类股的股价是30万美金一股，也就是每股大约相当于210万元人民币。股神老爷子的目的就是为了提高投资门槛，让更优质的投资人能购买伯克希尔·哈撒韦公司的股票。从中，我们也能得到一些基金投资方面的启示。

【股票组合】 说你别不服气，你是普通人就应该买基金！

股票与股票型基金其实是辩证的关系

大多数人对股票都耳熟能详。散户一般第一步买股票，然后才会想到买基金，基金投资门槛相对较高。因为基金投向更加复杂和广泛，加上基金经理的投资策略，即使是投向股票的股票型基金，也有好多分类，比如指数基金、红利基金、LOF 基金、ETF 基金、ETF 联接基金等，形式多样。

股票和股票型基金是辩证的关系。首先股票和股票型基金在本质上是一样的，不过是个股之于股票组合的差异；其次，看起来炒股简单，实际上里面道道深似海，有客观因素还有主观因子，庄股、妖股、仙股等股股都能要了散户投资者的性命。根据 Wind 数据显示，截至 2019 年 4 月 8 日，A 股股东已实施减持的股份为 118.67 亿股，减持市值为 1006 亿元，仅次于 2015 年同期的 1615 亿元，300 万新股民尤其要谨慎一些才好。

基金正好相反，看起来投资复杂其实投资逻辑更简单，更适合小白进行投资和理财。就像台湾漫画家朱德庸先生打比方的那样——这好比追一个女孩子，看起来很难追，其实很好追；看起来很好追，其实很难追；看不出很好追还是很难追，保证让你追得头破血流。

踏空是散户炒股在牛市不赚钱的主要原因

我们刚才说到股票型基金是股票的组合，这种投资策略更容易在不确定性中找到确定性，防止炒股过程中个股踏空。

实际上个股踏空即便在牛市也是司空见惯的事情。

比如 2019 年 4 月 4 日所在周，大盘连续上涨了 5 天，上证从 2995 点涨到 3246 点，大涨了 8.36%，但是大约 3300 只股票没怎么涨，占比 90%；更离谱的是，大约 1000 多只股票是下跌的。只有券商板块大涨 10%左右。

这个就是 A 股股民炒股不赚钱的根本原因——踏空。指望牛市也帮你把手中的个股涨一涨，数据显示概率只有 10%，所以你终究难以通过炒股来股市中攫取投资回报——方法不对。

股票型基金跟股票相比，无可比拟的优势是，股票组合可以最大限度地防止踏空。

A 股股民如此，美国人民炒股命运又如何呢？答案是——一样的！

美国民众炒股也是不赚钱的。赚到钱的也寥寥无几。一项公开数据统计，在 1998—2017 年的 20 年间，美股标普 500 指数年化收益率是 7.2%，而散户股民的平均年化收益率是 2.6%，仅仅跑赢了 2.1%的通货膨胀。不过现代的美国股市，以机构客户参与为主了。

那么，除了踏空，普通人直接炒股为什么不赚钱呢？

首先是普通人炒股就是一门业余爱好，平时没有时间钻研，你很难买到大涨的个股，概率极小。点外卖也许都要货比三家，看看有没有红包、怎么搭配更便宜，但是跟风重仓某一只股票可能 30 秒就完成了。

网上曾经流传一个很经典的段子。问："你是否去 KTV 唱过歌？"答："当然有。"问："你是否羡慕周杰伦唱一首歌就要几百万，但是你去唱歌却要钱？"这两者的差异在于，周杰伦是专业的，你是业余的。

问："你是否去羽毛球馆打过球？"答："当然有。"问："为什么林丹去打球有钱收，你去打球却要花钱？"这两者的差异在于，林丹是专业的，而你是业余的。

那么最后一个问题来了：既然你把股票投资作为一门业余爱好，你确定你是指望去股市赚钱，而不是去股市消费的吗？虽然行业不同，但是答案的哲理性异曲同工，只是大部分人不愿正面承认罢了。

控制仓位——慢慢"养乌龟"

普通人炒股血亏的另外一个常见的重要原因是，一进场不是买得太多就是买得太少。买得太少赚不到钱，但是买得太多就不能控制仓位，没有预留防御的资金，到后期股票下跌就非常被动，没有资金加仓了，会力不从心。

还有一些炒股血亏的原因是过分相信内幕消息、小道消息以及跟风购买股票，这个也会害死人的。另外，买股票持有期限太短，急于抛售。如果自己炒股的话，一定要在确实会炒股的专业度基础上，必须还得有一个“养乌龟”的心态——捂(拿得住)。假如你在 1998 年 1 月 1 日投资 10000 美元的本金投资标普 500 指数，并且选择红利再投资，然后一直“捂”到 2017 年的 12 月 29 日，10000 美元就会变成 40135 美元，年化回报率为 7.2%，7.2%是复利增长率。大家学过数学中的等比数列，知道 7.2%的 20 次方是一个巨大的数字。事实上，在过去 77 年，标普 500 指数的回报率超过 5000 倍！

术业有专攻——炒股还是要借力股票型基金的基金经理帮你炒

上文说过，股票型基金是基金中的一种股票型基金其实就是股票组合。最关键的是，基金公司有强大的投研机构和部门，对股票的投资研究投入了大量的资源，所以你会看到各类股票型基金收益和波动率差异很大，这是资源投入和研究能力的差异。依托基金经理的专业性，普通人只要把资金交给专业的人理财和投资即可。要不然，基金管理费每年 1.5%是白收的吗？术业有专攻，普通人就应该买基金。

有一项有意思的调查结果表明，在股市中亏钱比例最多的投资者，恰恰是那些想着赚大钱的散户。

如果是资深投资者，相对于股票型基金，股票更适合其投资，股票能够快进快出，适合做短线交易，并且费率也低。但是普通人，就不应该炒股，就应该买基金。说你别不服气。